Mosaik bei
GOLDMANN

Buch

Wer sich mit Hilfe eines psychologischen Fachbuchs informieren möchte, hat oft ein Problem: Komplizierte Sachverhalte und Fachbegriffe machen das Verstehen nahezu unmöglich. Der renommierte Psychotherapeut Wolfgang Schmidbauer wählt in diesem Kompendium einen anderen Weg. Er erklärt emotional aufgeladene Begriffe des Alltags von Abhängigkeit bis Zusammenleben in kurzen Beiträgen mit seiner »Küchenpsychologie« so, dass jeder sie verstehen und nutzen kann. Somit ist ein Blick in dieses lexikalisch angelegte Buch auch eine Möglichkeit zur Selbsthilfe.

Autor

Dr. Wolfgang Schmidbauer studierte Psychologie und promovierte 1968 über »Mythos und Psychologie«. Er lebte dann einige Jahre als Autor in Italien. 1972 gründete er mit Kollegen ein Institut für analytische Gruppendynamik und wenig später die Münchner Arbeitsgemeinschaft für Psychoanalyse. 1977 prägte er in dem Bestseller »Die hilflosen Helfer« den Begriff des Helfer-Syndroms. Heute arbeitet Wolfgang Schmidbauer als Autor und Psychoanalytiker in eigener Praxis in München.

Von Dr. Wolfgang Schmidbauer außerdem bei Mosaik bei Goldmann
Mobbing in der Liebe (17077)

Dr. Wolfgang Schmidbauer

Kleines 1×1 der Seelenkunde

Sich selbst besser verstehen

Mosaik bei
GOLDMANN

FSC
www.fsc.org
MIX
Papier aus verantwortungsvollen Quellen
FSC® C014496

Verlagsgruppe Random House FSC-DEU-0100
Das für dieses Buch verwendete FSC®-zertifizierte Papier *Classic 95*
liefert Stora Enso, Finnland.

1. Auflage
Vollständige Taschenbuchausgabe Januar 2011
Wilhelm Goldmann Verlag, München,
in der Verlagsgruppe Random House GmbH

Umschlaggestaltung: Uno Werbeagentur, München
Umschlagillustration: © Getty Images/Bonnie Timmons
Satz: Uhl + Massopust, Aalen
Druck und Bindung: GGP Media GmbH, Pößneck
FK · Herstellung: IH
Printed in Germany
ISBN 978-3-442-17206-1

www.mosaik-goldmann.de

Vorbemerkung

Jede Wissenschaft hat einen Haupteingang und eine Hintertreppe. Wer viel Zeit und die richtigen Zeugnisse hat, kann den Haupteingang benutzen; alle anderen tun sich schwer, am Portier vorbeizukommen und einen Platz zu finden, an dem sie sich wohlfühlen. Wenn sie aber nicht ganz darauf verzichten wollen, sich selbst und andere Menschen besser zu verstehen und sich die eine oder andere Hilfe zu holen, schlage ich die Hintertreppe vor. Sie führt direkt in die Küche, und oft sind Abende in der Küche besonders gemütlich, in denen der Gast nicht das perfekt zubereitete Mahl genießen soll, sondern zusammen mit dem Gastgeber improvisiert, bis beide das Menu fertiggestellt haben, das ihnen am meisten zusagt. So verwende ich auch in Therapien manchmal die Floskel: »Meine Küchenpsychologie würde jetzt nahelegen …« oder »Gemäß meiner Hintertreppenpsychologie …«, um einer Deutung sozusagen das bescheidene Kleid anzulegen, das sie meines Erachtens tragen sollte, um dem Gesprächspartner nichts vorzugeben, sondern ihn als Kooperationspartner zu gewinnen.

Um etwas von dieser Hintertreppenpsychologie festzuhalten, habe ich in den letzten zehn Jahren während meiner Ferien versucht, emotional aufgeladene Begriffe des Alltags aus diesem Blickwinkel zu betrachten. Ich schrieb diese Betrachtungen in eines jener schwarzen Hefte »Made in China« mit roten Ecken und habe sie hier gesammelt.

Kein Analytiker, der seine Methode ernst nimmt, hat reale Aussichten auf den Nimbus des rechten, des allein selig machenden Glaubens. Er wird sich immer eher auf die Seite der Unterdrückten als auf die Seite der Mächtigen schlagen.

So hätte, als die SED in der DDR noch mächtig war, kein Psychoanalytiker die Chance erhalten, im »Neuen Deutschland« eine Kolumne zu schreiben. Aber als die mächtige SED zur verfemten PDS wurde und das »Neue Deutschland« mehr schlecht als recht überlebte, fragte mich Christine Matte, eine der Kämpferinnen für dieses Überleben, ob ich nicht eine solche Kolumne schreiben wolle. Ich war einverstanden und habe es nicht bereut, diese Hintertreppe in die Medienwelt zu benutzen. Das Interesse der Leser und der Redaktion hat mich ermutigt, aktuellen Problemen eine psychologische Seite abzugewinnen und so Zugangswege zu erschließen. Wenn also einem regelmäßigen Leser des »Neuen Deutschland« manches vertraut erscheint, was er auf der Hintertreppe findet, ist das kein Zufall.

Wolfgang Schmidbauer

Abhängigkeit

Viele Organismen sind voneinander abhängig. Dieser Begriff beschreibt das Wesen des Sozialen. Geschlechtliche Fortpflanzung bindet den einen an die andere; ohne die das Geschäft scheitern muss. Radikal unabhängig sind nur die Einzeller, die sich ohne Einwirken Dritter teilen und damit vermehren können. In mehrzelligen Organismen können die einzelnen Bestandteile in der Regel nur zum Schaden aller voneinander getrennt werden.

Psychologisch interessant und typisch menschlich scheint die Angst vor Abhängigkeit. Gar nicht selten äußern Menschen den Wunsch, eine Beziehung zu beenden, weil sie sonst fürchten müssten, abhängig zu werden. Andere kappen Bindungen, ohne sich dieser Angst überhaupt bewusst zu sein. Sie tun es einfach und beklagen nachher ihre Einsamkeit. Dieses Verhalten signalisiert ein nicht überwundenes Trauma durch einen Verlust.

Gesunde Kinder kennen diese Angst nicht, sie eilen zur Mutter, lassen sich mit allem Notwendigen versorgen. Sie laufen von der Mutter fort, wenn sie sich von ihr zu sehr gehemmt fühlen, suchen ihre Nähe, wenn sie sich zu fern erleben. Das traumatisierte Kind weist bald alle zärtlichen

Bemühungen der Mutter zurück, bald will es sie nicht mehr loslassen und fürchtet jede Trennung.

Schmerzliche Abhängigkeit ist mit der Phantasie von Einseitigkeit verbunden. Wir haben keine Kontrolle über den anderen, fühlen uns ihm aber auf Gedeih und Verderb ausgeliefert. Das Urbild ist der Säugling, der vergebens nach der Mutter schreit, weil sie entweder nicht kommt oder zwar kommt, ihm aber verweigert, was er will. Diese Abhängigkeit erscheint zweckmäßig – das Kind braucht schließlich den zugewandten Erwachsenen und weiß in der Regel, dass es alles tun muss, um ihn nicht zu verlieren. Doch es gibt viele Abhängigkeiten Erwachsener, deren Sinn wir erst verstehen, wenn wir uns klarmachen, dass unser Selbstwertgefühl während dieser frühen Wechselbeziehungen mit der Sicherheit spendenden Mutter entsteht und wir unser Leben lang dazu neigen, ähnliche Beziehungen herzustellen.

Solche Beziehungen werden durch Idealisierung gewonnen, die wir meist als Verliebtheit oder Verehrung erleben. Wir wollen sie kontrollieren, um uns sicher zu fühlen. Solange uns das im Guten gelingt, wir gar solche Sicherheitsspenden austauschen können (»Ich liebe dich« – »ich dich auch«), sitzen wir fest im Sattel. Aber wehe, wenn der Partner sich nicht mehr kontrollieren lässt.

Es gibt Fälle, in denen ein Mann nach kurzer Liebesbeziehung die Trennung nicht erträgt, seine einstige Geliebte verfolgt, nur noch an sie zu denken scheint und sich immer mehr in einen Zustand verrennt, in dem er sie entweder in unbedingter Unterwerfung zurückhaben oder sich nur noch rächen, sie vernichten will. All dies deutet auf eine emotionale Abhängigkeit hin. Er aber hat dieses Gefühl nicht ertragen können, weil er sich zwar wie ein Rasender wünscht, geliebt zu werden, aber selbst nur wenig lieben kann. Ihre Liebe hatte ihn besser gemacht, als er war; ihre Verstrickung, wenn es denn eine gibt (denn manche dieser Verliebtheiten spielen sich ganz in der Phantasie ab) gleicht jener, von der Äsop in der Geschichte von der Schlange erzählt:

Ein Mann findet an einem Wintertag eine Schlange, die in der Kälte ganz erstarrt und dem Tode nah ist. Er bedauert das Elend des Tieres und wärmt es unter seinem Mantel, bis die Schlange – zum Leben erwacht – ihre Zähne in ihn schlägt. »Undankbare!«, ruft der Mann. »Nun müssen wir beide sterben, ich aber wollte dir das Leben retten!«

»Du wusstest, dass ich eine Schlange bin«, sagt die Schlange.

Meine Küchenpsychologie sagt, dass wir darauf achten müssen, unsere Mitmenschen auch nicht mit dem Guten zu überfordern, das wir ihnen antun. Die goldene Regel der Ethik –

»Was du nicht willst, das man dir tu, das füg auch keinem andern zu!« nützt keineswegs immer; ähnlich wie der Kranke oder Allergiker Speisen nicht verträgt, die der Gesunde problemlos genießen kann, ist auch die Liebe nicht für jeden bekömmlich. Wer einer Schlange helfen will, muss sie in ihrem Wesen achten und darf nicht glauben, dass seine Bedürfnisse auch die ihren sind.

Ablösung

Dieser Ausdruck wird gebraucht, um das Erwachsenwerden von Kindern zu beschreiben: Sie lösen sich von den Eltern, vom Nest, werden unabhängig, versorgen sich, hinterlassen Leere oder Freiheit, je nachdem, wie die Eltern es sehen. Verwandt ist ein Bedeutungsfeld, in dem ein Soldat den erschöpften Kameraden auf seinem Posten ablöst. Nach dieser Metapher lösen sich die Kinder nicht von den Eltern, sondern sie lösen die Eltern ab, indem sie selbst Eltern werden. Diese Qualität hat etwas Tröstliches: Die Ablösung schafft keine Leere, sondern nur einen Wechsel; die abgelösten Eltern atmen auf, jetzt treten andere ihren Dienst an.

Wenn ein 40-Jähriger »noch« bei den Eltern wohnt und sein viertes Studium beginnt, heißt es: Die Ablösung ist verzögert. Er löst sich/die Eltern nicht ab. Meist hat das mit Störungen der Aggressionsverarbeitung zu tun. Die Mutter hat ihrem Jüngsten, ihrem Liebling, nach einem Jähzornsanfall gesagt, er werde ein Verbrecher, wenn er so weitermache. Darauf hat der 10-Jährige sich in seine Bücher vertieft und die Philosophie Senecas als Lebensmaxime gewählt. Er hat Soziologie studiert, Volkswirtschaft, schließlich Pädagogik, hat promoviert und lebt, inzwischen 42 Jahre alt, im Haushalt der Eltern, als einziger Sohn, unverheiratet und arbeitslos.

Bei den Pavianen ist es die Mutter, die den erwachsenen Sohn wegschubst: Er soll für sich sorgen und ihr nichts mehr wegnehmen. Zur »Affenliebe« sind nur die Menschen fähig. Im Tierreich sind Erwachsene keine Kinder mehr; menschliche Eltern und Kinder hingegen werden so stark durch Phantasien beeinflusst, dass Kinder Spiegelbilder der eigenen Eltern sein können.

So kann der 40-Jährige den Eltern verlorene Väter, uneinfühlsame Mütter ersetzen – ihm wiederum eigene Kinder. Die Unabgelösten befreien sich aus der Realität (der Sexualität, der Zeit) und schaffen Illusionen einer absoluten Dauer.

Adrenalinkick

In dem Märchen der Brüder Grimm von dem Mann, der auszog, das Gruseln zu lernen, finden wir die schönste Darstellung eines Phänomens, das die Psychologen »Angstlust« nennen. Die meisten Menschen empfinden es als Zumutung, zur Geisterstunde über einen Friedhof zu laufen oder im Vertrauen darauf, dass Gummiseile sie an den Fußknöcheln halten, in einen Abgrund zu springen. Aber es gibt eine qualifizierte Minderheit, welche solche Erlebnisse »toll« findet. Diese Minderheit wächst parallel zum Wohlstand und der Sicherheit eines Lebens in Frieden, und mit ihr auch die Faszination durch den Adrenalinstoß, nach dem sich auch der Held des Märchens sehnt.

Den Boden unter den Füssen aufzugeben, sich ins Bodenlose zu stürzen, den Tod vor sich zu fühlen, ihn aber gleichzeitig rational ausschließen zu können, ist keine Perversion. Hier wird eine Lust formuliert, die schon kleine Kinder kennen, welche nicht mehr von der Schaukel herunterwollen. Auch diese wirft sie doch in raschem Wechsel ins Bodenlose und hält sie zurück, was ein wohliges Kribbeln in den Bauch jagt.

Solche Empfindungen werden gesteigert und mit hohem technischem Aufwand befriedigt, wenn Ingenieure eine neue Achterbahn konstruieren. Diese soll mehr Angst bieten, aber nicht weniger Sicherheit als die alte. Sie schleudert kreischende Insassen in Höhen und Abgründe, bringt sie dazu, sich vor Schreck zu übergeben. Sie zahlen willig für diese Leiden; das Glücksgefühl setzt ein, wenn der Event überstanden ist.

Freud hat in seinem Text über das Unbehagen in der Kultur die technischen Erleichterungen unseres Lebens mit jenem »billigen Vergnügen« verglichen, das man sich verschafft, »indem man in kalter Winternacht ein Bein nackt aus der Decke herausstreckt und es dann wieder einzieht.«

Der Bungee-Sprung passt in dieses Muster, er ist allerdings – anders als das billige Vergnügen – nicht umsonst. Der Kunde springt, ohne genau zu wissen, warum er das gerade in diesem Augenblick tut – er will es einfach hinter sich haben. Er fürchtet anfangs, dass die Gummiseile nicht funktionieren, die seinen Sturz dämpfen und auffangen sollen. Sobald sie greifen und er weiß, dass er überleben wird, macht sich das Glücksgefühl breit. Das Ganze wird als Erweiterung menschlicher Potenziale gerühmt.

Das könnte auch jemand sagen, der uns Kokain verkauft, und wir könnten antworten, dass der Gewinn für unsere Psyche zweifelhaft, der für sein Bankkonto jedoch eindeutig sei.

Tatsächlich haben »legale« und »illegale« Risikoaktivitäten viel gemeinsam: Bungee-Jumping und Kokain schnupfen, die schwarze Piste fahren und in der Disco Ecstasy einwerfen. Aus diesem Grund ist es auch der Bevölkerung schwer vermittelbar, dass nur die eine Variante eines möglicherweise gesundheitsschädlichen Nervenkitzels von den Gesetzen toleriert wird.

Unter den Szenen in Grimms Märchen ist mir eine in Erinnerung geblieben, in der sich der Held mit Schnitzmesser und Drechselbank in einem Gespensterschloss einschließen lässt. Es kommen grauenhafte Geister, die mit Totenschädeln und -gebeinen kegeln wollen. Sie fordern den Menschen in drohendem Ton auf mitzumachen. Dieser spannt unbeirrt die Totenschädel in seine Drehbank, drechselt sie schön rund und sagt, dass sie jetzt doch besser rollen. So muss sich der Spuk geschlagen geben – dem Angstlosen ist nicht beizukommen.

Eine Mutter stellte mir in den 80er Jahren ihren Sohn vor: Ob etwas mit dem 10-Jährigen nicht in Ordnung sei? Dieser habe auf einem Dorffriedhof Knochen gefunden und sie mit nach Hause genommen, um sie in sein Spiel mit den Figuren von He-Man und Skeletor einzubauen.

Diese beiden waren die Helden einer damals beliebten, sowohl für Plastikspielzeug wie für Zeichentrickfilme und Computerspiele verwendeten Ereigniswelt mit muskulösen Männern, bösen Feinden, schönen Frauen, Magie und Zauberwaffen. Skeletors Schloss Castle Grayscull ist wie ein Totenkopf gestaltet, der böse Held selbst trägt (ähnlich dem bösen Imperator in »Mortal Combat«) einen Totenschädel über muskulösem Oberkörper.

Wer als Schulkind Skeletor in Plastikausführung besaß, soll einen echten Totenschädel finden und nicht mit ihm spielen? Angesichts der Bundeswehrsoldaten, die in Afghanistan mit Schädeln und Knochen posierten, verwundert eher die Aufregung der Medien als die Aktion selbst.

Im Kampf gegen den Terror ist der Tod ebenso unfassbar wie allgegenwärtig. Die europäischen Soldaten haben kaum Möglichkeiten, ihr Selbstbewusstsein so zu entwickeln, wie das Soldaten seit Jahrhunderten tun: indem sie kämpfen und siegen.

Gesunde, kräftige junge Männer sind monatelang damit beschäftigt, sich zurückzuhalten, Zivilisten zu kontrollieren, die guten Bürger vor den bösen zu schützen, wobei sie keine Ahnung haben, wer jetzt welcher Seite zuzuordnen ist. Sie sammeln vor allem Erlebnisse des Versagens: Wenn nichts passiert, sind sie überflüssig und kosten nur Geld.

Wenn sie die Attentate nicht verhindern können – warum sind sie überhaupt da?

Da mag es ein makaberer Trost sein, endlich des Todes habhaft zu werden, der sonst doch nur ungreifbar und unauffindbar in der Menge schutzbedürftiger Zivilisten steckt, endlich beweisen zu können, dass sich ein deutscher Panzersoldat vor nichts fürchtet und kein Grausen, kein Gruseln kennt.

In den Medien wurden »pädagogische Defizite« beklagt. Freilich ist eine gewisse Unsicherheit darüber entstanden, wo diese liegen: bei den Soldaten, die in einer Kiesgrube mit den Knochen gespielt haben, oder bei der Bildzeitung, die Fotos dieser Taten einem breiten Publikum erschließt.

Affären

Stellen wir uns vor, dass Flugreisen geheim gehalten werden und die geräuschlosen Maschinen nur nachts verkehren. In dieser Situation erfahren wir von solchen Reisen nur dann, wenn wir selbst in einem Flugzeug sitzen, oder wenn wir davon hören, dass eins abgestürzt ist. Dieser Vergleich hat seinen Zweck erfüllt, wenn er veranschaulicht hat, dass sehr viel an heimlicher Liebe ohne jede Auffälligkeit abläuft. Je mehr von ihr bekannt wird, desto reizloser wird sie.

Die heimliche Liebe oder Affäre ist häufig ein Versuch, die anfängliche Verliebtheit zu retten. Sie soll so schnell wieder verlassen oder sichtgeschützt und möglichst taktvoll ausgedehnt werden, dass die Hauptbeziehung nicht leidet. Die heimliche Liebe kann gelingen, das ist weder unmoralisch noch unmöglich. Aber sie setzt, nicht anders als der Ehealltag, ein Mindestmaß an Reife, an Vernunft, an Bereitschaft voraus, Grenzen zu akzeptieren und sich in menschliche Belastungen einzufühlen.

Eine Affäre wird riskant, wenn versucht wird, sie wichtiger zu machen als die Hauptbeziehung und sie nur fortgeführt werden kann, indem diese entwertet wird. Wer behauptet, sich eigentlich von einem bösen Partner zu trennen und es nur deshalb nicht längst schon getan hat, weil dieser sonst Selbstmord begeht, die Kinder raubt, den Betrieb ruiniert, macht sich etwas vor. Er erkauft die Illusion der Verliebtheit durch Entwertung eines Dritten. Nachdem die Realität des festen Partners nicht geleugnet werden kann, wird wenigstens sein Wert bestritten.

Zu den Argumenten gegen die Affäre gehört, dass sie zu einer Art innerer, andauernder Untreue führt. Der oder die Eifersüchtige neigen sehr häufig zur Phantasie, dass – wer doch intensive Erotik mit einem oder einer Dritten erlebt hat – nur ungern zu Partner oder Partnerin mit der Vorstellung einer zweiten Wahl zurückkehren wird. Solche Einwände vernachlässigen die ekstatische Beschaffenheit gelingender Erotik.

Wer behauptet, mit A zu schlafen sei tausendmal schöner als mit B, sollte nicht mitreden, wenn es um Lust geht. Solange er vergleichen und nachrechnen kann, hat er den Rausch der Liebe nicht genossen. Wer Register anlegt und Liebesspiele vergleicht, wer Zensuren vergibt und andere verdächtigt, ihn zu zensieren, urteilt im Grunde nur über das Maß, in dem Rivalität und Leistungsdenken seine erotischen Bezirke infiltriert haben.

Die Affäre ist nicht nur ein wesentlicher Anlass für Eifersucht, umgekehrt ist auch die Eifersucht ein Anlass für die heimliche Liebe: Sie wird verheimlicht, um der Eifersucht des Partners zu entgehen. Ich erinnere mich an ein Lehrerehepaar. Die Frau war irgendwann ihrer dienenden Rolle müde und begann mit einem Freund der Familie ein intimes Verhältnis, von dem sie ihrem Mann nichts erzählte. Er hingegen – »hier stehe ich und kann nicht anders« – musste sein sexuelles Abenteuer mit der Ehefrau des Familienfreundes und heimlichen Geliebten seiner Frau offenlegen.

Zu seiner eigenen Verwirrung verwandelte sich dieser gutherzige, überall beliebte Mann in ein zwischen Selbstmordgedanken und Wutanfällen hin- und hergerissenes Bündel Eifersucht, als er erfuhr, dass seine Partnerin ihm zuvorgekommen war. Er konnte ihr viele Jahre lang nicht verzeihen, was sie ihm angetan hatte, fixierte sich darauf, dass ihr moralischer Verfall unendlich tiefer sei als seiner, den er doch offen bekannt und gleich gebüßt habe.

In der Arbeit mit Paaren trifft der Berater häufig auf Personen, die es bedauern, dass sie über eine Affäre berichtet haben. Sie empfinden die Diskrepanz zwischen dem, was der Seitensprung für sie bedeutet hat und dem Ausmaß der Kränkung ihres Partners als unauflösbaren Widerspruch. Sie haben den Eindruck, durch alle Dementis nicht mehr so viel Stimmigkeit in der Beziehung herstellen zu können, wie sie es – den Schuldgefühlen über das Verschweigen der Seitenbeziehung zum Trotz – vor ihrem Geständnis empfanden.

Wenn sie noch einmal die Wahl hätten, würden sie sich diesmal dafür entscheiden zu schweigen.

Aggressor

In seinem Film »Rescue Dawn« erzählt Werner Herzog die Geschichte eines Piloten, der 1966 über Laos abgeschossen wird. Der im Film von Christian Bale gespielte Pilot heißt Dieter Dengler und wurde im Schwarzwald geboren. Seinen Entschluss, Kampfpilot zu werden, führt er auf den Augenblick zurück, in dem er als Kind im letzten Kriegsjahr einem amerikanischen Tieffliegerpiloten in die Augen sah.

Als der Deutsch-Amerikaner im Gefangenenlager diese Geschichte erzählt, sind seine Kameraden perplex. »Du bist schon ein seltsamer Vogel.«, sagt ein Freund. »Ein Mann versucht dich zu töten, und du willst seinen Job!«

Diese Szene illustriert den Abwehrmechanismus der Identifizierung mit dem Aggressor. Kurz nach dem 11. September 2001 wurden in New York neue Witze erzählt: »Kennen Sie den neuen Werbeslogan von American Airlines?«

»???« – »Wir fliegen Sie direkt zu Ihrem Arbeitsplatz.«

Auch dieser zynische Scherz funktioniert nach dem Modell der Abwehr des Traumas durch Identifizierung. Die gründlichste und zugleich unheimlichste dieser Identifizierungen mit dem Aggressor ist der Versuch, den Tod zu spielen und damit die Angst vor ihm zu bezwingen. Die

Halloween-Maske mit dem Totenkopf ist noch ein Spiel mit dem Schrecken, die Totenkopf-Flagge der Piraten ein historisches Zitat. Der silberne Totenkopf auf schwarzer SS-Uniform rückt schon in unangenehme Nähe. Das Konzept des Todestriebes bei Sigmund Freud entstand angesichts der zahllosen traumatischen Neurosen nach dem Ersten Weltkrieg.

Tatsächlich zeigt der Traumatisierte Verhaltensweisen, die sich nicht damit verbinden lassen, dass Menschen nach Lust suchen. Der Traumatisierte fügt sich Schmerz zu, indem er die Schrecken nicht vergisst, die ihn überwältigt haben, sondern sie in Szene setzt. Das geschieht in Zwangsphantasien, Albträumen, aber auch im sadistischen Umgang mit den eigenen Angehörigen, die sich im Schicksal der Ehefrauen und der Kinder Kriegstraumatisierter finden lassen.

Nichts fasziniert das Opfer so sehr wie der Täter, der es quält. Daher fällt die böse Saat des Terrorismus so oft auf fruchtbaren Boden: Die Opfer können in sich den Impuls weder erkennen noch abwenden, ebenso grausam zu werden wie die Täter. Ähnlich den römischen Feldherren, denen auf ihren Triumphzügen ein Sklave ständig zuflüstern musste: »Gedenke, dass du sterblich bist!«, bräuchten

auch Terrorismus-Bekämpfer jemanden, der ständig mahnt: »Hüte dich, so zu werden wie deine Feinde!«

Alter

Eichen brauchen manchmal 50 Jahre, ehe sie die erste Blüte treiben und die erste Eichel zu Boden werfen. Sie sind noch nicht »erwachsen« und für unseren Blick doch schon alte Bäume. So gibt es ein sichtbares, ein unsichtbares, und beim Menschen zusätzlich ein erlebtes Alter. Wir fühlen uns jung, wenn wir selbstvergessen sind, und alt, wenn uns das nicht gelingt und wir die Versuche, so schnell zu laufen oder uns so rückhaltlos zu begeistern wie früher, scheitern sehen. Alter ist das, was übrig bleibt, wenn uns die Jugend verlässt.

Wenn wir im Winter eine Eiche sehen, die ihre Blätter abgeworfen hat und ihre kahlen Äste in den grauen Himmel streckt, dann wissen wir nicht, ob sie lebt oder tot ist. Sie schläft. Wenn wir herantreten und die Knospen prüfen, spüren wir, ob noch Saft in ihnen ist. Aber auf den ersten Blick sehen wir das nicht. Der Stamm kann hohl sein und Eulen darin nisten, große Äste können abgebrochen sein. Aber wenn der Frühling kommt, dann sind die Blätter und Blüten, die die lebenskräftigen Knospen austreiben, nicht anders als die Blätter jeder anderen Eiche.

Manchmal sagen Männer, die mich nach meinem Alter fragen, auf die Antwort hin, das hätten sie nicht gedacht, ich sähe jünger aus. Ich bedanke mich nicht für das Kompliment. Ich spüre die Jahre nur selten, ich bin gesund; wenn sie nur Kunden wie mich hätten, würden Apotheker verhungern. Aber das Alter beschäftigt mich unaufhörlich. Jeden Tag falle ich einige Male aus dem Zustand der Selbstvergessenheit heraus, der doch der Ausdruck von Gesundheit ist. Dann wird das Alter zur Krankheit, und alles Beteuern der Experten gilt keinen Pfifferling mehr. Carpe diem, sage ich mir dann, lebe im Hier und Jetzt. Mach dir keine Sorgen, denke nicht an die Zukunft, genieße jede Minute, die du noch lebst und atmest.

Ein tückischer Gott hat uns vom Baum der Erkenntnis gespeist und weigert sich, seine Gaben zurückzunehmen, uns in den vorherigen Zustand zu versetzen. Solche Fähigkeiten gehören der Schlange: Sie häutet sich, lässt eine alte Haut zurück und kriecht mit neuer Haut fort.

Ein wenig können wir das auch: Wir können vergessen. Was wir vergessen, ist nicht mehr da, aber es hinterlässt eine Schwachstelle, eine verborgene Pforte, durch die es wieder eindringen kann.

Als Kind habe ich fast immer vergessen, dass ich keinen Vater hatte, dass da etwas fehlte. Manchmal musste ich das Vergessen steigern und verschmolz dann in meinen

Träumen mit unverwundbaren, unbesiegbaren Helden, war stärker als Winnetou und rettete ihn und Old Shatterhand aus schlimmen Gefahren, deren die beiden nicht Herr wurden – so war ich im Tagtraum Übervater und adoptiertes Kind zweier Helden zugleich.

Manchmal aber überfiel mich die Verlassenheit und schüttelte mich. Ich hatte Angst im Winter, wenn es früh dunkel war und außerhalb des kleinen Wohnzimmers kalt, dass dieses Zimmer, die Lampe, die Wärme und das Licht, das Mutter und Bruder sichtbar machte, verschwunden sein könnten und ich ganz allein in Kälte und Finsternis zurückbleiben würde. Ob ich mich da mit dem Vater identifizierte, der irgendwo in der Ukraine in einem Grab lag?

»Die Schönheit der Jugend«, sagte ein Freund, Maler von Beruf, »sieht man auf den ersten Blick. Die des Alters auf den zweiten, man muss sie suchen.« »Ich finde nichts!«, sagte die Frau, mit der er gesprochen hatte. »Ich finde davon nichts an mir. Ich bin schneller alt geworden in den letzten Monaten. Es kann daran liegen, dass ich die Hormone nicht mehr nehme, von denen es jetzt heißt, dass sie Krebs verursachen können. Ich finde nur Flecken, die ich vorher nicht hatte, und Dellen, die dort nicht hingehören, und jeden Tag etwas Neues.« Nach einer Weile sagte sie: »Die Natur liebe ich mehr. Früher ging ich lieber in die Städte. Aber die Natur ist schön und macht keinen Druck.

Siehst du die Baumgruppe dort?« »Es sind Weiden«, sagte ich. »Sie stehen so klar da, weil die Kühe bis in die Höhe, die sie abweiden können, alle Blätter gefressen haben. Neue Bäume können nur wachsen, wenn sie mit einem Gatter geschützt werden.«

Das Auge ist bei weitem der schnellste Sinn, es ist der Sinn des Jägers und Sammlers schlechthin, der Welteroberung, des Kampfes. Doch wo gesiegt werden kann, muss es auch Niederlagen geben. Wenn wir uns einen Filmstar vorstellen, der sich selbst auf der Leinwand spielen sieht – damals war er 40 Jahre jünger: Wie schnell und wie bedrückend überwältigt ihn die Veränderung durch die Zeit, wie viel Reife, Überlegung, Verdrängung und Verleugnung muss er aufwenden, um gelassen zu bleiben und gegen den Eindruck seiner Augen festzuhalten, dass er noch ganz derselbe sei – vielleicht nur anders, aber nicht schlechter als damals.

Ein Blinder lebt in einer ganz anderen Welt mit einer anderen Einstellung zum Alter. Wäre ich blind, ich würde nur an Winzigkeiten, einer kleinen Atemnot beim Treppensteigen, einem kleinen Kreuzschmerz nach dem Lastentragen überhaupt etwas von dem bemerken, was sich angesichts weißer Haare und faltig-fleckiger Haut derart aufdrängt. Nun ist es zwar für den Blinden schwer, sich in einen Sehenden hineinzuversetzen, für den Sehenden aber scheinbar einfach, zu empfinden wie ein Blinder: Er muss nur die Augen schließen und sich auf Hören, Tasten und Riechen verlassen. Wer das tut, könnte von sich glauben, er trete in die fast alterslose Welt der Pflanzen und der augenlosen Tiere. Wenn er mit allen Sinnen die Frau umarmt, die sich ihm hingibt und dabei nur die Augen schließt, spielt er eine alterslose Melodie auf der Harfe des Fleisches, und wie dem Harfenspieler sind ihm alle Saiten gleich wertvoll, die sanft gespannten wie die straffen. Sie fühlen sich nur anders an, weicher und dumpfer, aber ohne sie wäre das Instrument ärmer, sie gehören dazu, runden den Ton ab, klingen länger nach.

Vor die Wahl gestellt, alterslos zu erblinden oder sehend zu altern, entscheiden wir uns doch wieder für die Qualen der Wahrnehmung: Wir sind nicht satt geworden von der Frucht des Paradiesbaumes. Aber vielleicht genügt es, zwischendurch die Augen zu schließen und in eine alterslose Welt einzutauchen, zu werden wie Bäume, die doch wachsen und sich wiegen, die Erde und Himmel durchdringen in zähem, geduldigem Vorwärtsstreben.

Altern

In dem Auf und Ab ihrer Stimmungen, angesichts der Schwankungen ihres Selbstvertrauens, ihrer Kräfte und ihrer Zuversicht suchen Menschen Halt bei etwas, das sich messen und zählen lässt. Seit wir unser Geburtsdatum wissen, ist das kalendarische Alter ein solcher Halt. Es sagt uns, wann es »Zeit« ist für etwas – für die erste Liebe, für den Abschluss der Ausbildung, für eine Gehaltserhöhung, für die Rente.

Die Formulierung »Ich bin dafür zu alt« kommt einem wichtigen Abwehrmechanismus gegen seelische Veränderungen entgegen: der Rationalisierung, der Produktion scheinbar logischer Gründe, der Vernunft des Stammtischs. Da das kalendarische Alter unzweifelhaft festgestellt werden kann, wird es wie Schminke aufgetragen, um seelische Wunden zu verbergen.

Wenn »zu alt« über einen anderen gesagt wird, ist das in der Regel eine Vermutung unscharfen Denkens. Bei einem älteren Mitarbeiter muss der Vorgesetzte nicht über eigene Führungsfehler nachdenken, bei einem älteren Schüler der Lehrer nicht über einen Mangel an pädagogischen Fähigkeiten, bei einem älteren Patienten der Arzt nicht über die Dia-

gnostik von komplexen Beschwerdebildern. Es ist doch ganz einfach: Wenn der Mitarbeiter Probleme bereitet, der Schüler nicht lernt, der Patient nicht gesund wird, liegt es am Alter.

Im 19. Jahrhundert waren Schaubilder beliebt, auf denen das menschliche Leben als Stufenpyramide dargestellt war. Auf der linken Pyramidenseite: Säugling, Kleinkind, Schulkind, Jungfrau und Jüngling. Braut und Bräutigam krönten das Ganze. Dann der Abstieg: Elternschaft, rüstiges Alter, Greisenalter und Tod. Aber: Trainierte Pensionisten schlagen ungeübte junge Männer im Sport. Eine 60-Jährige in Hollywood sieht jünger aus als eine 30-Jährige in den Slums. Die gegenwärtige Mischung aus Gültigkeit und Ungültigkeit der Lebensaltersrollen verwirrt viele Menschen, die durch keine festen Zuschreibungen mehr gehindert werden, sich lange Zeit »zu jung« zu fühlen, um dann irgendwann zu erkennen, dass sie »zu alt« geworden sind.

Eine 52-Jährige, die mit großem Elan aus ärmsten Verhältnissen in eine akademische Karriere gefunden hat, vereinbart schockiert mit ihrem früheren Therapeuten einen Krisentermin. Sie hat erfahren, dass der Mann, mit dem sie vor sieben Jahren zusammen war, jetzt geheiratet hat, weil ein Kind unterwegs ist. Damals hat sie auch daran gedacht, schwanger zu werden, war aber nicht überzeugt genug von der Beziehung und wollte noch warten. Sie hat es sogar ein paar Mal darauf ankommen lassen, als sie mit ihm schlief. »Ich habe immer gedacht, es ist noch nicht so weit, es ist irgendwie zu früh, ich bin zu jung. Aber ich habe nie gedacht, dass es irgendwann wirklich zu spät ist!«

Nur in einem Punkt ist das Alter für die Psychotherapie wirklich bedeutsam: Wie alt sind die Probleme, die Symptome, über die jemand berichtet. Für die Erfolgsaussichten einer Behandlung ist das Alter der Symptome wichtiger als das Alter der Kranken.

Wenn ein 25-Jähriger, der seit seinem 14. Lebensjahr Drogen konsumiert, eine Therapie beginnen möchte, sind die Aussichten auf Erfolg weniger günstig als bei einem 66-Jährigen, der seit einem Jahr an Angstzuständen erkrankt ist.

Gegenwärtig haben Frauen und Männer an der Pensionsgrenze noch rund 30 Jahre vor sich. Diese Spanne wird sich in Zukunft eher verlängern als verkürzen. Die emotionalen Probleme, die sich in diesen Jahren entfalten können, sind stürmischer als die der Dekaden vorher. Psychotherapie im Alter weist Parallelen zur Therapie von Heranwachsenden auf. Es geht um neue Strukturen, die gefunden werden müssen, und um den Abschied von Bestätigungen, die in der bisherigen Form nicht mehr funktionieren.

Angeber

»Ich weiß nicht, warum ich immer an solche Angeber gerate!« Nora R. hatte darunter gelitten, dass ihr geltungsbedürftiger, energischer Partner sie an den Rand drängte und in ihrer Neigung zu bedachten Urteilen verunsicherte. So gab sie dem phantasievollen Werben eines gemeinsamen Bekannten nach – und stellte in der neuen Beziehung fest, dass der Geliebte noch geltungsbedürftiger und geschwätziger war als ihr Ehemann.

Was sie nicht verstand, war die nachhaltige Kränkung, die sie ihrem Partner zugefügt hatte. Er war immer so aufgetreten, als gehöre ihm die Welt. Sie hatte nicht geahnt, wie viel Verletzlichkeit und Neigung zu Depressionen in ihm schlummerte. Oft hätte sie das harte Urteil vom »Angeber« am liebsten zurückgenommen. Es ging nicht mehr, es war in ihm eingebrannt. Er zitierte diesen Satz immer wieder, er war überzeugt, auch wenn sie später versuchte, ihm ein genaueres, feinfühligeres Bild seiner Person zu vermitteln, sie sehe in ihm doch in erster Linie den Angeber, den Pfau, den Gockel.

Während der Behandlung seiner Depression erzählte mir Noras Mann von diesem Satz. Ich versuchte, ihn zu trösten. »Wir sind doch alle Angeber, vom ersten Schrei des Babys an, das andere aufmerksam machen soll. Was ist schon dabei? Nora gibt auf ihre Weise auch an, indem sie die Angeberei der Männer entlarvt!«

In der Vergangenheit waren Männer und Frauen weniger auf Bestätigung angewiesen als heute. Da in einer traditionellen Gesellschaft die Geschlechter in getrennten Welten lebten, verstanden Männer zu wenig von Frauen, Frauen zu wenig von Männern, um ein Urteil zu fällen wie das über den »Angeber«.

Heute gewinnen Mechanismen an Macht, die sich als psychologische Kopie des Dramas der Konsumgesellschaft fassen lassen: Kurzfristige Lösungen schädigen die langfristigen Chancen, ein System zu stabilisieren. Ich spreche von den Prozessen, die Männer und Frauen bewegen, in gegenseitiger Entwertung eigene Unsicherheiten zu beseitigen.

Nora, zurückhaltend, sehr begabt, intellektuell beiden Männern überlegen, hat schon immer an ihrer Attraktivität gezweifelt. Daher faszinieren sie Männer, die nicht nur einfach selbstsicher wirken, sondern das auch betonen und bei jeder Gelegenheit beweisen – unermüdliche Liebhaber, besessene Sportler: Das haben sie geschafft, jenes werden sie schaffen, niemand kann ihnen widerstehen.

Aber Nora möchte nicht abhängig sein von Männern, deren Fehler sie durchschaut. Sie ist nicht stolz auf ihre Gockel, sondern rupft ihnen Federn aus und bedauert diese Tat, kaum ist sie geschehen. Denn der stolze Gockel hat ihr gefallen, der gerupfte weckt in ihr Schuldgefühle, stößt sie ab. Wie sagte angeblich Marlene Dietrich? »Frauen wollen immer die Männer ändern. Und wenn ihnen das gelungen ist, sind die Männer nicht mehr attraktiv!«

Also sprechen wir von der Dynamik der eigenen Aufwertung durch die Entwertung des anderen, von dem pharisäischen und dem kannibalischen Narzissmus.

Die Szene, in der ein Pharisäer angesichts des Nicht-Pharisäers betet: »Herr, ich danke dir, dass ich nicht so bin wie dieser!« spiegelt eine unschädliche Form der Selbststabilisierung wider. Aber der Übergang vom pharisäischen zum kannibalischen Narzissmus ist fließend. Im pharisäischen Stadium wird die Entwertung des Nicht-Ich eingesetzt, um sich abzugrenzen und den eigenen Glanz dadurch zu erhöhen, dass man sich vor einen dunklen Hintergrund stellt, wie es Porträtfotografen empfehlen. Der pharisäische Narzissmus ist universell: Als allgemeinste Form gelten die Überlegenheitsgefühle der Männer über die Frauen (und umgekehrt).

Der Pharisäer spaltet seine Beziehung zu den Personen nicht, über die er sich erhebt. Er rechnet nicht damit, dass sie seine Vorzüge würdigen, weil er sie kritisiert, dass sie dies zu wenig tun. Daher kann der pharisäische Narzissmus auch in der Distanz gedeihen, er manifestiert sich in gleichgeschlechtlichen Gruppen, wo Männer über »die Weiber« herziehen, Frauen über »die Kerle«.

Die kannibalische Dynamik setzt ein, wenn das Selbst so in Bedrängnis gerät, dass es sich durch eine Delegation der eigenen (drohenden) Entwertung zu retten sucht. Nora, die ihren Mann einen Angeber nennt, nähert sich dieser Dynamik: Wenn er ein Angeber ist, lügt er, wenn er lügt, ist nicht wahr, was er ihr an Komplimenten macht. So entwertet Nora in dem »Angeber« auch sich selbst, sie hat versagt, sie hätte darauf verzichten müssen, Komplimente eines Angebers für bare Münze zu nehmen, hätte warten müssen, bis der richtige Mann erschienen wäre.

Die Prinzessin träumt davon, den Frosch durch einen energischen Wurf in einen Prinzen zu verwandeln. Das Ergebnis ist aber ein beschädigter Frosch, dessen Schaden signalisiert: Auch ich bin keine Prinzessin.

In Spätstadien einer gescheiterten Beziehung lässt sich meist nicht mehr klären, wer angefangen hat. Manche Berater behaupten einfach, dass jede Beziehung wie eine GmbH behandelt werden sollte, in der jeder der Partner die Hälfte der Anteile hält, nicht mehr, aber auch nicht weniger. Diese Auffassung ist ein nützliches Argument gegen sinnlose Zuschreibungen aller Verantwortung für das Scheitern an den jeweiligen Gegner. Aber sie ist ein Einwand, keine Theorie. Es braucht, wie das Sprichwort sagt, nur einen Feind für einen Krieg.

Die »Beziehungs-GmbH« mit hälftigen Anteilen entspricht der Beziehung zwischen sozial Gleichgestellten. Aber Menschen sind niemals isoliert, ein Partner hat immer mehr Rückhalt, soziale Anbindungen, mehr Geld oder eine bessere Ausbildung. Gerade weil sie durch die hohe Mobilität einer individualisierten Gesellschaft angehalten werden, sich als Gleiche anzusehen, wachsen Erwartungen, die so groß sind, dass eine konstruktive Enttäuschung nicht mehr gelingt. Dann erheben sich die Fragen, wer schuld sei, dass die Enttäuschung so unerträglich ist; sie führt uns in die Paradoxie, dass entwerteten und dämonisierten Beziehungspartnern vorgeworfen wird, sie hätten sich völlig überraschend als genau das entpuppt, was sie angeblich »schon immer« waren.

Angst

Die Angst ist ein Abkömmling des Fluchtinstinkts der Tiere und lässt sich häufig noch in dessen ursprünglicher Form vorfinden: als Wunsch, möglichst viel Abstand zu überwältigenden Reizen oder aber schon bekannten Gefahren herzustellen. In milden Formen führt Angst zu einer zielgerichteten Vermeidung. Wir weichen aus. Tritt das sehr rasch auf, steigert sich die Angst zur Flucht – wenn das Ich dazu noch überwältigt und verwirrt ist (wenn etwa keine klare Fluchtrichtung erkannt wird), zur Panik. Wir erleben das, wenn wir die ruhige Flucht eines Vogels, dem wir uns im Freien nähern, mit der eines Vogels vergleichen, der sich in ein Zimmer verflogen hat und jetzt panisch gegen die Glasscheibe flattert.

Spezifisch menschliche Ängste ergeben sich daraus, dass wir uns selbst wahrnehmen und uns um uns Sorgen machen können. Diese Sorgen betreffen unsere Zukunft und den Zustand unserer Verbindungen mit den wichtigen Menschen in unserem Kreis – den Eltern, den Geschwistern, den Freunden und Liebespartnern. Emotionale Beziehungen, in denen wir uns unbewusst gleichzeitig extrem abhängig und extrem fortstrebend erleben, können dieselbe Panik auslösen, welche wir bei dem gefangenen Vogel wahrzunehmen meinen.

Eine klassische Form dieser Panik ist die Hysterie. Sobald sich Flucht und Anklammerung auf dieselbe Person richten, wird die Angst frei und scheinbar ziellos. Die alten Mediziner bildeten diese Angst als eine Gebärmutter (hysteron im Griechischen) ab, welche ihre Verankerung verloren hat und sich nun wie ein bissiges Tier im Körperinneren bewege, bald dieses, bald jenes Organ anfalle. Dargestellt wird die Paradoxie der Verwandlung des Bergenden in das Bedrohliche: Die liebevolle Großmutter ist plötzlich ein reißender Wolf. Solche Metamorphosen hängen mit Projektionen zusammen: Die eigene, kannibalische Gier wird nach außen verlegt, was von innen das ängstlich gebundene Ich bedroht, tritt diesem plötzlich Angst stiftend von außen entgegen.

Gesund ist, Ängste dahingehend zu prüfen, ob sie uns vor realen Gefahren warnen, und sie konsequent zu ignorieren, wenn sie in dieser Aufgabe versagen. Diese scheinbar harte Regel ist notwendig, weil unser erlebendes Ich so reich an Phantasien und Sorgen ist, dass wir es in seiner Fähigkeit schwächen, die Realität einzuschätzen, sobald wir beginnen, Ängste durch Vermeidung zu lindern. Das gilt vor allem für die Angst vor Beschämung: Wenn ich mich aus allen Beziehungen zurückziehe, in denen ich Gefahr laufe, abgelehnt zu werden, kann ich weder in der Liebe noch in der Leistung meine Möglichkeiten realisieren.

Arbeitslosigkeit

Wer das Einkommen eines deutschen Sozialhilfeempfängers im Jemen oder in Tansania verbrauchen kann, lebt dort im Überfluss. Dennoch fühlt sich der Sozialhilfeempfänger in Europa meist elend und kann überhaupt nicht verstehen, dass es irgendwo auf der Welt Menschen gibt, denen seine Lage paradiesisch erscheint. Was unsere Psyche angeht, kann von einer Globalisierung keine Rede sein.

Immer wieder wurden Versuche gestartet, Arbeitslose aus den Konsumgesellschaften für Tätigkeiten heranzuziehen, die bisher von Erntearbeitern aus armen Ländern geleistet wurden. Es hat noch nie funktioniert. Im typischen Fall erscheint von den zum Spargelstechen oder Tomatenpflücken verpflichteten Empfängern staatlicher Unterstützung nur ein Bruchteil am Acker. Die anderen legen ärztliche Atteste vor, dass die Arbeit nicht zumutbar sei. Von denen, die erscheinen, geben die meisten nach den ersten Stunden auf. Menschen, die die Freude an der körperlichen Arbeit entdecken und diese Tätigkeit sinnvoll finden können, sind die absolute Ausnahme.

Die Landwirte, denen die Ernte auf den Feldern zu bleiben droht, greifen daher bei nächster Gelegenheit auf die bewährten Arbeiter zurück, die in den USA aus Mexiko, in Deutschland aus Polen oder Rumänien kommen. Diese packen die Aufgabe zuversichtlich an und scheinen sich zu freuen, dass sie für gutes Geld arbeiten dürfen.

Solche Situationen werden von naiven (oder böswilligen) Betrachtern derart kommentiert, dass die Arbeitslosen heute »nicht mehr arbeiten wollen«. Aber die Problematik ist folgende: Die Entwicklung in der Konsumgesellschaft hat die Ansprüche an narzisstischer Bestätigung ebenso gesteigert wie die Angst vor ihrem Verlust. Daher wird körperliche Arbeit, in der sich nur langsam und mit Mühe etwas verändert, immer weniger attraktiv. Die Arbeitslosen sind nicht »faul«. Ebenso gut könnte man einem Computer, der wegen falscher Eingaben nicht funktioniert, Faulheit vorwerfen. Menschliche Motivation lässt sich nicht mit einem Schalter aus- und anknipsen. Sie ist ein komplexes, sensibles und sehr störanfälliges Geschehen. Vor einer Naivität, die meint, Arbeit per Gesetz verordnen und ein Sinnerleben erzwingen zu können, kann man nur den Kopf schütteln, vor allem, wenn – wie mancherorts geplant – die Arbeitslosen in der Altenpflege und nicht in der Tomatenernte eingesetzt werden sollen.

Die Bedeutung des Sinnes, die einer Arbeit unterstellt wird, hat Mark Twain beleuchtet. In seinem Roman über Tom Sawyer und Huckleberry Finn wird Tom von seiner Tante für einen Lausbubenstreich bestraft. Er muss an einem schönen Sommertag den Gartenzaun streichen. Andere würden sich zähneknirschend und hastig dieser Aufgabe unterziehen, um danach endlich ihre freie Zeit zu genießen. Tom aber beschließt, aus dem Zwang Freiheit zu machen. Das kann er den Spielkameraden, die ihn auf dem Weg zum Baden höhnisch bemitleiden, so überzeugend vermitteln, dass sie am Ende nicht nur für ihn den Zaun streichen, sondern ihn anbetteln und nach ihren Möglichkeiten dafür belohnen, dass er sie streichen lässt.

Die Fähigkeit, körperliche Arbeit als sinnvoll zu erleben, wirkt auf den ersten Blick trivial. Aber sie wird in der Konsumgesellschaft eine Gnade, ein Geschenk, ein Ritual, das jenen zur Verfügung steht, die sich von der perfektionistischen Jagd nach dem Besonderen emanzipieren können.

Dieses Ritual bindet Ängste, die sonst übermächtig werden, auf gesunde und nützliche Weise. Da dies bei den Kindern traditioneller Gesellschaften gut funktioniert, sind diese auch so begehrte Arbeitskräfte. Solche Einstellungen werden allerdings sehr viel schneller aufgelöst als aufgebaut.

Die Begabung zur eintönigen Arbeit wird sicherlich in den meisten Fällen unbewusst durch reale Vorbilder erworben. In traditionellen, agrarischen oder nomadischen Kulturen ist es für die meisten Menschen immer klar, dass diese Form der Auseinandersetzung mit der Umwelt völlig normal, wünschenswert und »gut« ist. Diese Situation hat sich in der Industriegesellschaft verändert. Sobald Maschinen zur Verfügung stehen, droht die Entwertung der menschlichen Kraft (und der Kraft von Zugtieren) angesichts einer Überschätzung der maschinellen Prothese.

Wer als Kind die Härte der Landarbeit ohne technische Hilfsmittel noch erlebt hat, kann die Verführung verstehen, die von allen Erleichterungen kräftezehrender, gelenkverschleißender Plackerei und Maloche ausgeht. Aber damit geht sehr oft auch die elegante Qualität der physischen Arbeit verloren, welche den Körper aufbaut und erhält, nicht verkrümmt und ruiniert.

Kluge Philosophen, wie etwa Moshe Feldenkrais (Begründer der Feldenkrais-Methode, einer speziellen Bewegungstherapie), haben viele Anregungen geliefert, zu entdecken, wie wichtig körperliche Arbeit sein kann. Dazu wäre es notwendig, sie zu spiritualisieren, sie mit meditativen Qualitäten auszurüsten.

Wir müssten dahin kommen, dass unser Ziel nicht die fertige Furche ist, die wir mit dem Spaten ziehen, sondern die Eleganz jedes einzelnen Spatenstichs.

Aufmerksamkeit

»Mein Mann nimmt mich überhaupt nicht mehr als Frau wahr! Er schaut mich nicht an, er kommt nach Hause und setzt sich an den Computer, neulich hat er mich angeschrien, weil Kalk im Wasserkocher ist. Der stört ihn, mich aber nicht. Deshalb habe ich gesagt, er soll ihn doch selbst wegmachen. Und er war so was von beleidigt! Er schufte sich ab, aber nicht mal diesen kleinen Gefallen könne ich ihm tun!«

So klagt eine 50-Jährige, deren Partner seit einigen Jahren nicht mehr mit ihr schläft. Es tröstet sie nicht, dass er ihr treu ist und die Familie finanziell gut versorgt.

»Meine Frau ist so mächtig. Neulich war ich mit einer Kollegin im Straßencafé. Ich habe nichts mit der, das wäre mir viel zu kompliziert. Als wir an dem Tisch saßen, sagte sie: »Setz dich doch auf meinen Platz, du schaust in die Sonne, ich habe eine Sonnenbrille, mir macht das nichts aus!« Da war ich so gerührt. Ich hätte fast geweint. So was hätte meine Frau nie gesagt. Der ist es egal, wie es mir geht«, so der Ehemann.

Solche Konflikte hören sich banal an. Aber sie vernichten unglaublich viel an Lebensqualität. Dabei sind solche in Enttäuschungen und Wutausbrüchen ausgetragenen Kränkungen nur die Spitze eines Eisbergs chronischer Frustrationen in solchen Ehen. Oft werden alle Aggressionen unterdrückt und gegen die eigene Person gerichtet. Die Ehe funktioniert, das Haus ist gepflegt, der Mann verdient genug Geld, die Kinder wachsen heran, die üblichen Probleme. Wenn einer der Partner an einer Depression erkrankt, nicken alle mit dem Kopf, das müssen die Erbanlagen sein.

Die Sexualität ist das Frühwarnsystem in einer Beziehung, ähnlich den Forellen, welche manche Wasserwerke in einem Aquarium schwimmen lassen. Diese Tiere reagieren sehr viel heftiger als der Mensch auf Umweltgifte. Solange sie munter sind, besteht keine Gefahr. Wenn aber ein überlastetes Versorgungsunternehmen Aquarium und Fische spart, sieht alles noch normal aus, wenn eine schleichende Vergiftung begonnen hat.

In den geschilderten Konflikten geht es um eine Empfindung, die wir zunächst nicht mit Sexualität verbinden, weil sie doch so viel allgemeiner ist: den Eindruck, wahrgenommen zu werden. Was ist das schon, möchte man fragen, natürlich nehmen wir uns wahr, schließlich stoßen wir nicht mit dem Kopf aufeinander, wenn wir beide durch eine Tür gehen wollen.

Es ist aber eine besondere Art der Wahrnehmung gemeint. Sie orientiert sich daran, die Bedürfnisse des Gegenübers zu erraten und anzubieten, sie zu erfüllen, wie das Beispiel mit der Sonnenbrille zeigt. Während nun viele übereinstimmen werden, dass es sich bei der Geste dieser Frau um eine freundliche Aufmerksamkeit handelt, verblüfft doch die heftige Reaktion des Mannes.

Können wir glauben, dass ein 48-jähriger Akademiker, der sich jeden Tag in seinem Beruf mit schwierigen Fragen beschäftigt und gegenüber anspruchsvollen Kunden durchsetzt, auf schlichte Empathie mit solcher Rührung reagiert? Wenn wir das verstehen, haben wir etwas mehr von Männern begriffen.

Einfühlung in die Bedürftigkeit einer anderen Person ist uns aus einer existenziellen Situation des Menschenlebens vertraut: aus dem Umgang mit kleinen Kindern. Hier ist ein sehr empfindliches Geschöpf darauf angewiesen, dass die Erwachsenen in seiner Umgebung sich dafür verantwortlich fühlen, Bedürfnisse zu erraten und zu stillen, die der Neuankömmling nicht anders kommunizieren kann als durch jammervolles Geschrei oder stumme Verzweiflung.

In den Rahmen dieser Signalgeber, mit denen das kleine Kind seine Unlust zeigt und seine Sehnsucht nach Einfühlung vermittelt, gehört auch eine auf den ersten Blick paradoxe Reaktion. Um die überlebensnotwendige Bindung zwischen Kind und Eltern zu stärken, ist in der Evolution des menschlichen Verhaltens eine brisante Dynamik entstanden, enttäuschte Erwartungen an unsere Mitmenschen zu rächen: Wenn ein Baby schreit, kommt die Mutter und stillt es. Wenn sie nicht kommt, steigert sich das Schreien und wirkt auf den Beobachter wütend. Kommt die Mutter zu spät, kann es sein, dass das Baby in die Brust beißt oder die Brust verweigert. Es rächt sich für die Versagung.

Sinn dieser Aktion ist es, der Mutter zu verdeutlichen,

dass sie sich nicht verspäten darf. Wenn die Mutter das versteht, wird die Entwicklung gut weitergehen, wenn sie aber mit Gegenkränkungen reagiert, absichtlich zu spät kommt oder die Brust verweigert, weil das Baby gebissen hat, entstehen Teufelskreise.

Es scheint einfach, Auswege zu zeigen. Das Baby beißt nicht mehr. Die Mutter kommt rechtzeitig. Aber wer fängt an, wenn beide Partner die normale Reaktion benötigen, ehe sie selbst normal reagieren?

Bei einem Säugling ist klar, dass die Mutter eine höhere Verpflichtung hat, sich normal zu verhalten. Aber bei Eheleuten? Hier ist es oft so, dass kindliche Erwartungen aufeinanderprallen, dass jeder zuerst einen Beweis der Liebe und Aufmerksamkeit seines Gegenübers zu benötigen meint, ehe er selbst aktiv werden kann.

Die Frau und der Mann, die oben zitiert wurden, waren einmal ein leidenschaftlich verbundenes Paar. Die gegenseitige Wahrnehmung als Frau, als Mann, das Streben, sich in die Bedürftigkeit des Gegenübers einzufühlen, ihm Wünsche von den Augen abzulesen, war damals ebenso selbstverständlich wie unbewusst. Das änderte sich, als die Kinder geboren waren.

Der Vater konzentrierte sich jetzt auf seine Karriere und seine Rolle als Versorger der gewachsenen Familie. Die Mutter war irritiert. Ihr fehlte die berufliche Bestätigung. Sie gewann den Eindruck, ihr Mann halte das Leben einer Hausfrau und Mutter zweier Kinder für bequem und erwarte, bedient und respektiert zu werden, sobald er nach Hause komme. Der Vater hingegen fühlte die Verantwortung für den Haushalt auf sich lasten und dachte sich nichts dabei, seine Verbesserungsvorschläge, was Ordnung und Sparsamkeit anging, an seine Frau heranzutragen. Sie hatte schließlich Zeit, er nicht! Heizöl kostete Geld, warum riss sie die Fenster auf, statt den Thermostat zu regulieren!

Solche Konflikte sind nicht ungewöhnlich. Wenn sie nicht bewältigt werden, tragen sie zu dem Scheidungsgipfel bei, den die Statistik nach der Geburt eines Kindes verzeichnet. Wenn freilich beide Partner überzeugt sind, ihre Ehe müsse bestehen bleiben, dann werden sie nicht selten die Erotik opfern, um die Beziehung nicht zu riskieren.

Das geschieht wie nebenbei. Es fehlt an der Zeit, die früher da war, wird meist gesagt – als ob Erotik das Geringste mit Zeit zu tun hätte. Um den Partner nicht nur als Gegenstand der eingegangenen Verpflichtung wahrzunehmen, bräuchten die Partner nicht mehr Zeit, sondern eine andere Einstellung. Eine erste Rollenkonfusion kündigt sich an, wenn eine Sexualpartnerin schwanger wird. Schon hier benötigt das Paar eine leibes- und liebesfreundliche Wahrnehmung des jeweils anderen, um nicht die Erotik einfach aufzugeben. Sie meinen, damit etwas Gutes zu tun, weil die werdenden Eltern an so viel anderes zu denken haben. Sex mit einer werdenden Mutter, einem werdenden Vater belebt den Ödipuskomplex und damit auch die Inzestabwehr.

Bei den Hopi-Indianern gibt es den Mythos, dass sich das Kind im Mutterleib vom Samen des Vaters nährt. Daher müssen schwangere Eltern fleißig miteinander verkehren, um ihr Baby zu kräftigen. Wer die Klagen von Männern wie von Frauen über unerwünschte und scheinbar gut gemeinte Verkümmerungen des Sexuallebens während einer Schwangerschaft hört, kann nicht umhin, die Hopis weise zu finden.

Wenn sich das Paar an einem Modell der perfekten Sexualität orientiert, legt das Kind einen Schleier über das Paar und konzentriert die Blicke der Eltern auf sich. Sie müssen sich jetzt in ihren Wahrnehmungen entscheiden: Sehen sie sich als Papi und Mami, oder als Mann und Frau? Erlebt der Mann eine dominante, übermächtige, in ihren Krisen schlecht gelaunte und seine unzulänglichen Hilfsdienste entwertende Mutter, die seine gelegentlichen Klagen über den Verlust der Geliebten, die es doch früher einmal gab, mit der Bemerkung quittiert, sie könne kein zweites Baby gebrauchen? Erlebt die Frau ihren Mann als erschöpftes Arbeitstier, das in die Familie heimkehrt wie der Ochs in den Stall, um alle viere von sich zu strecken?

Wir neigen dazu, die Macht der Wahrnehmung zu unterschätzen, umso ausgeprägter, je mehr wir uns, von Forderungen überlastet, gestresst fühlen. Warum wird der Ehemann, der eben noch nach seinem stressigen Arbeitstag in der Bank mit der Sekretärin geflirtet, einen Kumpel auf die Schulter geschlagen hat und vergnügt pfeifend in die Tiefgarage marschiert ist, auf den letzten Kilometern vor dem schönen Haus, das er für Frau und Kinder gemietet hat, so bleiern müde und in sich gekehrt, dass er auch an diesem Abend zu nichts anderem in der Lage ist – so viel Stress im Beruf! – als zu Fernsehen mit Bier?

Wahrscheinlich weil er sich in der Bank wahrgenommen und wichtig fühlt, zu Hause aber als Versager, der nie genug tut und eigentlich eine Frau ablösen sollte, gegen deren Stress er den eigenen wie einen Schild aufbaut. Baut er diese Abwehr bewusst auf? Oder entsteht sie ohne sein Zutun? Vermutlich braucht er sogar psychologische Hilfe, um sich seiner unterschiedlichen Stimmungen am Arbeitsplatz und in der Familie bewusst zu werden.

Wenn sich Männer in einer solchen Situation mit ihrer Sekretärin zusammentun, geschieht es nicht, wie die verlassene Ehefrau manchmal glaubt, allein aus sexueller

Gier. Es geschieht aus dem Wunsch, endlich wieder als Mann gesehen und angenommen zu werden. Es wird in den Frauenzeitschriften oft geschrieben, dass die Frauen emanzipiert seien, die Männer aber nicht, dass die Frauen zwar im Beruf brillieren, die Männer aber zu Hause versagen. Das ist richtig und falsch zugleich. Schuldzuschreibung zementiert ein Debakel, das nur durch Kooperation gelöst werden kann.

Jene Männer, die sich als Väter einsetzen und diese Rolle oft sehr viel besser spielen, als es ihnen ihre Partnerinnen anfangs zugetraut hätten, sind so wenig das Problem wie in der Kirche die Anwesenden, welche sich vom Prediger ins Gewissen reden lassen. Das Problem sind die Männer, die sich von der Vaterschaft verabschieden, weil sie überzeugt sind, dass sie es den Müttern sowieso nicht recht machen können. Um gemeinsam für Kinder sorgen zu können, brauchen Männer wie Frauen einen Partner, der nicht rivalisiert, sondern Geborgenheit schenkt.

Seit die psychologischen Folgen der Emanzipation diskutiert werden, taucht gebetsmühlenartig das Argument von den Männern auf, die sich endlich ebenso emanzipieren müssten wie es die Frauen längst getan haben. Tränen und Druckerschwärze sind darüber in Mengen geflossen, geändert hat sich nichts.

Da könnte doch die Einsicht dämmern, dass dieses Konzept falsch ist. Es legt sozusagen unbegrenzte Ressourcen von etwas zugrunde, das der Einfachheit halber Emanzipation genannt wird. Darunter verstehen aber die Frauen etwas anderes als die Männer. Die Geschlechter sprechen nicht miteinander. Die Frauen reden zu den Männern und die Männer führen stumme Selbstgespräche, die darauf hinauslaufen, dass sie überfordert sind und sich diesen Stress nicht auch noch antun wollen.

Der Durchschnittsmann entwickelt angesichts solcher Forderungen eine gutartige Schizophrenie. Er widerspricht nicht, das wäre ja uncool, aber er zieht sich zurück, wird autistisch, schiebt die Verantwortung für die sexuelle Beziehung, die Zeugung oder Versorgung von Kindern von sich. Irgendwann, vielleicht, will er auch Vater werden, er hat den besten Willen. Aber es ist selbstverständlich alles viel zu viel und viel zu früh, erst muss er sich sicher sein, dass er überhaupt in diesem Beruf oder in dieser Beziehung bleiben kann.

Und was wollen die Geschlechter voneinander? Sie wollen jene Form der Wahrnehmung, die ich oben beschrieben habe – die Wahrnehmung ihrer Bedürfnisse nach Anerkennung, Bestätigung, Fürsorge, Zärtlichkeit.

Wenn Emanzipation heißt, dass die Geschlechter auf

diese Formen der Zuwendung verzichten sollen, müssen wir uns nicht mehr wundern, dass die Bereitschaft schwindet, eine Schwangerschaft zu riskieren. Wer die eigenen kindlichen Seiten unterdrücken und dämonisieren muss, um den Ansprüchen einer Partnerin oder eines Partners standzuhalten, der kann sich doch nicht vorstellen, ein Kind zu haben. Er kann sich nicht darauf einlassen, diesem Kind zu geben, was ihm selbst so mangelt: Liebe, die nicht daran geknüpft ist, »erwachsen«, »emanzipiert«, ein »wirkliches Gegenüber« zu sein, kurz etwas von den zahllosen Phrasen einzulösen, welche menschliche Bedürfnisse vernebeln.

Auseinanderleben

»Und darum wird beim Happy End im Film jewöhnlich abjeblendt«, dichtete Kurt Tucholsky. So halten es die Medien bis heute. Solange ein Traumpaar entsteht, ist das eine Nachricht. Wenn das Traumpaar zerfällt, glüht es wieder kometenhaft auf. Für den Zustand dazwischen steht die leerste aller Leerformeln: »Wir haben uns auseinandergelebt.« Alle tun so, als sei damit etwas erklärt: auseinandergelebt, hm, kenne ich, kommt vor. Vielleicht braucht man das Wort selbst einmal, wenn man eine Ausrede sucht, weil eine Trennung ansteht.

Angefangen hat alles ganz anders. Das Paar fällt sich nach überstandenen Gefahren und besiegten Rivalinnen/Rivalen in die Arme, die Geigen schluchzen, der Kuss währt lange und sagt: »Wir bleiben für immer zusammen«. Die Details sind dann eher lästig – wir klären sie lieber später. Oft scheitert an ihnen die ganze Angelegenheit, noch ehe sie so recht begonnen hat. Ich lernte einmal ein Paar kennen, das für immer zusammenbleiben wollte, sich dann aber über der Frage zerstritt, ob seine oder ihre Eltern den Hochzeitsschmaus finanzieren sollten. Ziehen wir in meine oder in deine Wohnung/Stadt? Muss ich meinen Stammtisch aufgeben, wenn du deine beste Freundin nicht mehr siehst, die immer gegen mich gehetzt hat? Darf ich noch Bergsteigen gehen, wenn du meinetwegen nicht mehr in die Volkstanzgruppe tigerst, deren glutäugigen Prinzipal ich nicht ausstehen kann? Ich schwöre, ich werde mein Motorrad verkaufen, wenn du schwanger bist. Ich räume immer meine Klamotten in die Waschmaschine, du lässt die deinen einfach fallen. Ich schalte das Licht aus, wenn ich nur eine Minute aus dem Zimmer gehe, du lässt deine Anlage Tag und Nacht auf Stand-by laufen. Es ist doch nur eine winzige Mühe, eine lächerliche Kleinigkeit. Bist du nun zu egoistisch oder zu dumm, sie mir zuliebe zu ändern? Da kannst du dir das Gesülze über Liebe und Partnerschaft sparen.

Den Zustand, in dem solche Konflikte wurzeln, nennt man »Zusammenleben«. Wer genauer hinsieht, bemerkt überrascht, dass das Zusammenleben die Partner am Leben hindern kann. Man könnte sagen:

Streit entsteht, wo es am Auseinanderleben fehlt. Die Partner sind sich viel zu nahe, sie verlangen die totale Anpassung, die Symbiose, das Opfer der Persönlichkeit im Namen der Liebe. Sie sind wie zwei Bäume, die zu dicht nebeneinanderstehen: In dem Raum zwischen ihnen kann nichts gedeihen. Wachstum findet nur an den Außenseiten einer verfilzten Krone statt.

Besonders schlimm werden die Konflikte, wenn es ein gemeinsames Kind gibt. Nur in der »guten alten Zeit« kitteten Kinder eine Ehe. Heute verschärfen sie den Wertekampf der individualisierten Partner. Mit unterdrücktem Murren haben sie sich damit abgefunden, dass jede(r) seine Schrullen hat. Aber wenn dem geliebten Kind, das doch die verjüngte und verbesserte Ausgabe des kostbaren Selbst sein soll, diese fremden Schrullen aufgezwungen werden, dann wird gekämpft bis aufs Blut.

Je höher der Anspruch ist, den ein Paar an sich stellt,

desto verborgener bleiben solche Konflikte. Gleichzeitig sind sie aber bei sogenannten Traumpaaren besonders virulent. Selten wird jemand berühmt ohne Ehrgeiz. Ehrgeiz aber bedeutet, dass ich lieber Hammer bin als Amboss, lieber andere präge als mich prägen zu lassen.

»Wir haben uns auseinanderentwickelt!« Der Satz gleicht dem Versuch, einen drohenden Bankrott durch das Drucken von Falschgeld abzuwehren. Es gibt kein »Wir« mehr, das etwas gemeinsam tut. Es gibt ein Ich, das sich selbst und dem anderen Ich weismachen will, es sei immer noch ein »Wir« vorhanden, das nun in edler Gemeinschaft den Entschluss fasst, sich aufzulösen. Die modernen Liebenden, zumal die mediengestählten, haben wenig Anlass, über Schmerz, Wut und Enttäuschung zu sprechen. Hinter jedem Busch sitzt ein Reporter, der danach giert, aus den Scherben des einstigen Glücks eine Story zu machen. Über alles Trennende wird der Nebel des »Wir« gebreitet. Am Ende sind dann alle überrascht, dass es dieses »Wir« gar nicht mehr gibt.

Besonders komisch wirkt es, wenn die Klatschpresse versucht, Tiefsinn über das menschliche Liebesleben aus der Beobachtung gerade jener Prominenten zu gewinnen, die sich längst gegen die Medien mit einer undurchsichtigen Chamäleonhaut gewappnet haben und eine Public-Relations-Agentur beschäftigen. So wird geschönt und gelogen.

Die vage und beschönigende Beziehungssprache der Stars ist Vorbild geworden. Wir suchen nach sachlichen, diplomatischen Ausdrücken, um uns gegen die Schwächen zu schützen, die mit unseren Leidenschaften verknüpft sind. Unsere Rede über Sexualität und Bindung ist lasch geworden, pseudoobjektiv. Wir sprechen nicht mehr von Liebe, sondern von Beziehung. Aus dem familiensoziologischen Jargon ist die Rede vom Lebensabschnittspartner ernst-ironisch in die Sprache vorgedrungen, in der auf Partys kommuniziert wird. Nur wer aus der Stadt in ein dörfliches Umfeld geraten ist, passt sich schließlich an die herrschenden Sitten an und nennt den Menschen, mit dem er seit zehn Jahren zusammenlebt, »meinen Mann« oder »meine Frau«.

Auseinanderleben passt in dieses Sprachsystem. Das Wort ist unangreifbar. Es beschreibt Beziehungsschicksale wie ein meteorologisches Phänomen. Nach dem Frühling der Sommer, nach dem Zusammen- das Auseinanderleben. Für das Zusammenleben habe ich mich entschieden. Auseinandergelebt haben wir uns unbemerkt. In der sachlichen Romanze (Erich Kästner) kommt dem Paar die Liebe abhanden, wie anderen Menschen ein Stock oder ein Hut. Wer den Text genauer liest, bemerkt wieder den falschen Plural (»Wir haben uns auseinandergelebt« – »Die Liebe kam ihnen abhanden«).

Es gibt immer einen oder eine, der oder die anfängt zu sagen: »Wir lieben uns doch nicht mehr richtig!« Und eine oder einen, der oder dem dann nur die klägliche Wahl zwischen sinnlosem Protest oder falscher Zustimmung bleibt. Was da als »Wir« auftritt, zwingt dem Partner Komplizenschaft auf.

Gegen ein »Ich verlasse dich«, »Ich langweile mich mit dir«, »Ich habe mich in eine/einen anderen verliebt« kann ich wüten. Ich kann eine Grenze zu dem ziehen, der mir das angetan hat und eine neue Orientierung finden.

»Wir haben uns auseinandergelebt« macht jeden ohnmächtig, dem dieser heimtückische Ausstieg als Zweitem einfällt. Er/sie muss mitmachen, oder er/sie ist der/die Blamierte. Es ist wie bei der Justiz frommer Heuchler: Um dem Scheiterhaufen zu entgehen, lasse ich mich zum Enthaupten begnadigen.

Ausnutzen

Wenn sich ein Mensch darüber beklagt, dass er von einem anderen ausgenutzt worden sei und ihm das dank seiner Gutherzigkeit häufig geschehe, gebietet meine Küchenpsychologie Vorsicht.

Sie legt nahe, daran zu denken, ob es nicht eher so sei, dass der Klagende enttäuscht ist, weil es ihm nicht gelang, andere auszunutzen. Indem er Bedürfnisse erfüllte, glaubte der Jammernde, er könne eine Gegenleistung oder Dankbarkeit erwarten. Wenn dieser dann weitergeht, ist er ein Räuber.

Wer andere verwöhnt, steigert eher Ansprüche als die Bereitschaft zum Austausch zu wecken. Wer sich selbst verleugnet, um einem anderen zu geben, was dieser verlangt, überschreitet eine Grenze und bereitet dadurch weiteren Grenzverletzungen den Weg.

Bedrohung

Steven Spielberg hat es in seinem melancholischen Film über den Außerirdischen E. T. gezeigt: Solange sich der Gast aus dem fremden System in einer Garage versteckt, mit seinen Freunden spielt und alles im kleinen Rahmen bleibt, geht die Geschichte gut. Aber in dem Augenblick, in dem die große Forschung, die große Politik und die große Moral sich des kleinen Geschöpfes bemächtigen, ist alles kaputt.

Die Szene, in der sein Spielkamerad Elliott nach Hause kommt, um E. T. wiederzusehen, stattdessen aber ein Aufgebot der Staatsmacht vorfindet, ist für mich die aussagekräftigste und dramatischste in dem Film. Plötzlich verwandelt sich die Vorstadtidylle in eine Intensivstation: Luftschleusen und ein Maschinenpark sind auf einmal lebenswichtig, eine Menge Spezialisten geben ihr Bestes.

Ich kann mich noch an die Zeit erinnern, in der die Intensivstation zum medizinischen Standard wurde. Es war ein großer Fortschritt für lebensbedrohliche Zustände, sehr kompliziert, sehr teuer, die Patienten waren froh, dass es sie gab, und erleichtert, wenn sie nicht mehr dort sein mussten.

Manchmal habe ich den Eindruck, dass unsere Gesellschaft entgleist und sich verhält wie ein Arzt, der jeden Patienten auf die Intensivstation bringen lässt. Überall wird mit höchster Intensität reagiert, technisch wie moralisch. Die Öffentlichkeit wendet sich immer lieber der nächsten Überreaktion zu, als sich Gedanken darüber zu machen, warum die erste praktiziert wurde und ob sie überhaupt das gebracht hat, was sie bringen sollte. Das ist im großen politischen Rahmen so, wo lieber nicht geklärt wird, ob der Feldzug in Afghanistan eine Überreaktion war, sondern in den Krieg

gegen den Irak gezogen wird. Es gibt sozusagen keine kleinen Probleme mehr, die sich auf einer angemessenen Ebene regeln lassen. Es gibt nur Katastrophen, die jede Hektik rechtfertigen.

In einem Flugzeug, das von München nach Istanbul starten soll, dreht plötzlich ein junger Mann durch. Er behauptet, eine Bombe deponiert zu haben, die er mit seinem Handy zünden könne. Der Pilot verständigt die Polizei, Hundertschaften rücken an, umstellen die Maschine. Der bayerische Innenminister lässt sich sofort zum Flughafen fahren, um den Polizeieinsatz zu leiten. Über das Autotelefon ruft er den deutschen Innenminister an; sicherheitshalber – der »Terrorist« könnte ja die (stehende) Maschine auf das nahe Atomkraftwerk in Ohu stürzen lassen – steigen Jets der Bundeswehr auf.

Währenddessen hat der verwirrte junge Mann die Tür des Flugzeugs öffnen lassen, um mit den Polizisten zu verhandeln. Er will erreichen, dass seine Frau zu ihm kommt, die sich von ihm getrennt hat. Ein junger Türke, dem eine Döner-Bude im Flughafen gehört, nutzt die Gelegenheit und gibt dem Täter einen Tritt in den Rücken. Dieser fällt aus dem Flugzeug drei Meter tief auf Zement, bricht sich das Bein und lässt sich widerstandslos festnehmen. Obwohl er jetzt zugibt, was jeder kundige Polizeipsychologe sogleich gesagt hätte (wenn man ihn denn in solchen Situationen fragen würde), dass seine Bombendrohung nur »Spaß« war, lässt der Innenminister alle Fluggäste bis zum Abend warten. Der Airbus muss mit Sprengstoffspürhunden untersucht werden, ob nicht doch eine Bombe versteckt ist.

Druckerschwärze und Scheinwerferlicht sind die wichtigsten Mittel zur Verbreitung des Terrorismus. Man würde sich wünschen, dass – wenn schon über Terrortaten berichtet werden muss – es doch nur in der kleinsten Druckschrift geschehe, vielleicht auch mit ein wenig Humor oder Ironie. Es muss ja nicht gleich die von Peter Hacks sein, der den Angriff auf die Twin Towers als Methode der Architekturkritik beschrieb. Dann würden nicht mehr drei harmlose Ausländer mit einem Rucksack von 1.200 Polizisten gejagt, weil einer von ihnen vielleicht einen schlechten Scherz gemacht hat.

Überreaktionen sind politisch korrekt. Wer alles getan hat, was er tun konnte, muss sich nie vorhalten lassen, er habe zu wenig unternommen. Wer hingegen den Grundsatz der Verhältnismäßigkeit verteidigt, hat weniger Chancen, sich wichtig zu machen und die Medien auf dem Hals, die ihm

Versäumnisse unterstellen, wenn wirklich etwas passiert; die aber kein Interesse an Belanglosigkeiten haben wie der, dass wieder einmal Steuergelder für absurde Überreaktionen vergeudet wurden. So verlieren wir aus dem Blick, dass es oft mehr Durchblick und Selbstbewusstsein erfordert, einen Sachverhalt zu klären, als sofort maximal zu reagieren.

Vor einigen Jahren gab es an einem Sonntag ein in der Substanz harmloses, im Wesen aber vergleichbares Blaulichtszenario in dem idyllischen Diessen in Oberbayern, wo ich einige Ferientage verbrachte. Jemand hatte ein herrenloses Handtuch im Strandbad Sankt Alban gefunden und daraus die Überzeugung abgeleitet, der Besitzer desselben habe sich im Ammersee ertränkt. So suchten zwölf Einsatzwagen von Polizei und Feuerwehr mit acht Tauchern nach einer Wasserleiche, die sehr lebendig während dieser Zeit in ihrer Wohnung in Augsburg den Nachmittagskaffee zu sich nahm.

Bestätigung

Aufmerksam zu sein, zu lieben, zu bewundern und zu verstehen ist einfach. Schwierig, oft unmöglich ist es, zu beweisen, dass derlei Zuwendung wirklich vorhanden ist. Viele Menschen wünschen sich solche Bestätigung und verwirren uns dadurch, dass sie das Gegenteil des Erwünschten – Unaufmerksamkeit, Hass, Ablehnung, Desinteresse – unbesehen für real nehmen. Dadurch geraten sie in Gefahr, das befürchtete Gefühl zu provozieren, wie Gärtner, die so früh oder so heftig an ihren Setzlingen ziehen, dass sie diese entwurzeln. So schlägt der Griff nach dem Beweis, dass alles gut ist, in sein Gegenteil um. Wer sich auf seine eigene Innenwelt nicht verlassen kann, wird mit detektivischen Methoden ergründen, ob dieses Gefühl ein echtes Gefühl ist. Der Dichter Hebbel hat dem entgegengehalten: »Spricht die Liebe, so spricht, ach!, schon die Liebe nicht mehr!«

Wer offen für die Vielfalt seines Erlebens ist, kann keine reinen Gefühle, kein durch Eigennützigkeit ungetrübtes Verständnis versprechen. Er wird seine Umwelt nicht mit Beweisführungen plagen, weil er nicht daran glaubt, dass es überhaupt gibt, wonach die Fanatiker der Emotionen suchen: das ganz reine, ganz echte Empfinden. Es ist ein Jammer, Menschen zu beobachten, die ihren eigenen Überschwang nachträglich zerstören, indem sie behaupten, es sei doch alles unecht, alles falsch gewesen. Es war zuerst nicht alles echt, aber jetzt ist auch nicht alles unecht. Nicht weniger zu bedauern sind jene Gehemmten, die nie »ich liebe dich« sagen können, weil sie in der »Midlife Crises« immer noch auf ein überwältigendes Gefühl warten, das sich nicht einstellen will.

Durch bemalte Eier aus Pappe, die größer sind als ihre eigenen, lassen sich Möwen verleiten, ihre Eier zu verlassen und sich damit abzuquälen, ein Objekt zu bebrüten, auf dem sie gar nicht sitzen können.

Solche Experimente mit dem Über-Optimalen hat der Biologe Niko Tinbergen durchgeführt. Sie illustrieren die Problematik des Beweises. Heiratsschwindler und andere Betrüger verdanken ihren Erfolg der Fähigkeit, die Getäuschten in einen Dämmerzustand zu versetzen. Blind vor Liebe bemerken diese nicht, dass sie betrogen werden.

Der Drang, sich zu beweisen, gehört in den Beginn des Erwachsenenlebens, in die Adoleszenz. Schneller zu rennen, weiter zu springen, mehr zu riskieren, möglichst viele Frauen (Männer) für sich zu gewinnen sind die Themen. Kleine Jungen spielen »feig«: »Wenn ich ›feig‹ sage, springst du dann vom Zehnmeterbrett?«. Die Moderne hat es dank Feuerwehr und Polizei nicht leicht, der Jugend die notwendigen Mutproben zu schaffen. Design hilft: Bungee-Jumping, Drachenfliegen, Achterbahnfahren, Fallschirmspringen, Tauchen, Drogenkonsum.

Im Alter ist es köstlich, sich nicht mehr beweisen zu müssen, traurig, es nicht mehr zu können, gefährlich, sich beweisen zu wollen, dass Schnelligkeit, Kraft und Koordination nicht nachlassen.

Bewertungen

Es soll Liebhaber geben, die nach sexueller Aktion die Partnerin befragen: »Wie war ich?« Und es soll Partnerinnen geben, die dann lügen, um Ruhe zu haben. Ähnlich habe ich mich neulich verhalten, als mir während einer Zugfahrt, in der ich eigentlich nichts wollte als einen Kriminalroman zu lesen, eine freundliche Zugbegleiterin einen Fragebogen aushändigte, in dem auf einer Schulnotenskala der Service zu beurteilen war.

Sich mit ihr auseinandersetzen? Sie machte ja nur ihren Job. Ich wollte möglichst schnell wieder zurück zu meinem Krimi. Also tat ich das Ökonomischste: Ich kreuzte überall die Mittelposition an und habe inzwischen vollständig vergessen, welche Differenzierungen der Bahndienstleistungen in dem Fragebogen vorgenommen wurden. Als dann, wie durch Hexerei, für den Rest der Fahrt die Lautsprecheransage unverständlich wurde und die blumigen Entschuldigungen für die Verspätung nicht mehr hörbar waren, konnte ich meine Evaluation nicht mehr zurücknehmen.

Sicherlich sitzt irgendwo eine Firma, welche sich selbst und den Managern der Deutschen Bahn vermittelt, sie habe die Kundenzufriedenheit in den ICE-Zügen »gemessen«. Jenen Managern, die nach einer anderen Fragebogenuntersuchung, diesmal aus der Humboldt-Universität in Berlin, in den Augen der Deutschen zu vergleichen sind mit Metzgern, Kriminellen und Ehebrechern.

Denn, wie ein Sprecher dieser Universität behauptet, »die Gefühle, die bestimmte Wörter auslösen, kann man messen wie Fieber!«

Arme Psychologie. Sie hat wirklich ein großes Talent, ihre Glaubwürdigkeit zu verringern. Und dabei wäre sie doch so gerne eine seriöse Wissenschaft, die von allen ernst genommen wird und nicht der Hofnarr, von dem es heißt: »Der Kursverfall am Aktienmarkt hat nichts mit Wissenschaft zu tun. Es handelt sich um reine Psychologie!«

Das Instrument, mit dessen Hilfe die famosen Wissenschaftler den Gefühlsgehalt von Wörtern erforschen, ist seit vielen Jahren bekannt und vermutlich so veraltet, dass es heute schon wieder neu wirkt. Es ist eine von dem amerikanischen Psychologen Charles Osgood in den 50er Jahren entwickelte Skala, auf der Polaritäten notiert werden: Ist »Manager« angenehm oder unangenehm, kraftvoll oder zart, lebhaft oder ruhig, wird gefragt. Worte mit ähnlichen Polaritätsprofilen, so die kühne Hypothese, haben dann eben nicht nur ähnliche Polaritätsprofile, sondern sie »lösen ähnliche Gefühle aus«.

Das ist ungefähr so überzeugend wie ein heizbares Fieberthermometer. Die Testpersonen werden gezwungen, eine nervende Prozedur (Ist ein Manager eher kraftvoll oder zart?) über sich ergehen zu lassen. Deren Resultate werden dann nach untadeligen, mathematischen Methoden ausgewertet, die sehr wissenschaftlich aussehen und mit deren Erlernen sich Studenten prächtig quälen lassen.

Wenn die Wissenschaftler ehrlich und kritisch wären, würden sie zugestehen, dass sie nachher nicht mehr über Gefühle, dafür sehr viel mehr über die Ergebnisse ihrer semantischen Differenziale wissen (so lautet ein noch eindrucksvollerer Name für dasselbe Testinstrument). Vielleicht könnten sie auch etwas über ihre eigenen (Vor)urteile und Unterstellungen entdecken.

Aber damit lässt sich natürlich kein Hund hinter dem Ofen hervorlocken. Schlagkräftiger ist da schon die kühne Behauptung, man hätte Gefühle gemessen und wüsste nun genau, dass Manager in Deutschland eher wie Metzger, in den Vereinigten Staaten aber eher wie Richter »gefühlt« werden.

Beziehung

»Er will aber keine Beziehung mit mir«, sagt die 30-jährige Karin über den fünf Jahre jüngeren Marco, mit dem sie einige Male geschlafen hat. Sie weiß noch nicht viel von ihm, seine Familie kommt aus Rumänien, er hat einen kranken Bruder, sie hilft ihm bei seiner Zwischenprüfung. Der junge Mann hatte noch nie eine Beziehung und traut sich auch keine zu. Karin hat eine, aber Michael lebt in einer anderen Stadt, es ist offen, ob sie mit ihm zusammenbleibt. Sie hat eine Weiterbildung angefangen, die sie nach Berlin geführt hat. Er ist in München geblieben und hat dort ein Verhältnis mit Sarah angefangen, von dem beide nicht wissen, ob daraus eine Beziehung werden kann, denn Michael hängt auch noch an Karin, die ihm immer wieder während langer Telefonate sagt, er müsse selbst herausfinden, was er will.

So ist Beziehung die informelle Ehe der Postmoderne. Man kann miteinander essen, schlafen, reisen, wohnen, arbeiten und in Urlaub fahren, erst wenn sich die Phantasie von einer gemeinsamen Zukunft hinzugesellt, wird eine Beziehung daraus, die lange Zeit nur von den beiden Partnern definiert wird. Das bedeutet auch, dass vieles von dem freundschaftlichen Netzwerk, das nach dem früheren Verständnis des Wortes unsere Beziehungen enthält, gar kein Wort mehr hat, mit dem es sich beschreiben lässt. »Ich glaube, ich bin beziehungsunfähig«, ist ein entschuldigender Satz, wenn sich jemand nicht festlegen mag, und dies einer vertrauten Person kundtut, mit der er etwas hat, was er nicht als Beziehung definieren würde.

Die Versachlichung der Liebe (»Beziehungskiste«) trügt. Sie gleicht eine Überhitzung aus, verleugnet cool, wie anstrengend man sich Nähe und Bindung vorstellt. Die virtuelle Realität der freien Wahl erlaubt es nicht mehr, eigenes Leid in einer Partnerschaft zu überstehen. Vorbei sind die Zeiten, in denen tugendhaft war, wer es mit einem bösen Mann, einer schlechten Frau noch aushielt. Heute gilt das als Perversion (»Ich bin doch keine Masochistin!«). So bindet die unverbindliche Beziehung nicht weniger eindringlich als die verbindliche, lässt aber die Einzelnen oft sprachlos mit ihrem Schmerz.

Beziehungsruinen

Es gibt zwei konträre Einstellungen zum Scheitern einer Liebesbeziehung. Die eine hat Heinrich Heine im »Romanzero« in dem Gedicht »Der Asra« beschrieben. Es handelt von einem jungen Sklaven, der täglich die schöne Tochter des Sultans sieht und täglich bleicher wird. Zur Rede gestellt, bekennt er, aus dem Stamm der Asra in Jemen zu kommen, »welche sterben, wenn sie lieben«. Für diese legendären Asra gibt es im Leben nur eine Liebe, scheitert sie, verletzt das den Betroffenen so sehr, dass er sich nicht vorstellen kann weiterzuleben.

Ein anderes Extrem formuliert ein in den 50er Jahren beliebtes italienisches Volkslied: »Quant' è bello il primo amor – il secondo più bello ancor!« Zu deutsch: So schön die erste Liebe ist – die zweite ist noch schöner!« Zwischen diesen Polen bewegen sich die Menschen, mit deren gelingender oder scheiternder Verarbeitung kränkender Verluste sich der Therapeut beschäftigt.

Ein 50-jähriger Patient war immer wieder verzweifelt darüber, dass er den Anblick seiner Ex Ehefrau kaum ertragen konnte und sich nach den Gesprächsterminen bei einer Mediatorin derart mit Ängsten und Depressionen plagte, dass er tagelang kaum schlief.

Einmal träumte er von seinem Elternhaus, das einen riesigen Dachschaden hatte. Seine Mutter war ebenfalls anwesend, schien sich aber nicht weiter um den Schaden zu kümmern, während er ihre Gelassenheit nicht verstehen konnte, unbedingt den Schaden reparieren wollte und sich gleichzeitig wie gelähmt fühlte.

Der Patient ist das jüngste Kind von Eltern, die als überzeugte Nazis nach 1945 unter großen Verleugnungen ein neues Leben und das Haus aufgebaut hatten, von dem der Patient träumte. Der Sohn erlebte nach dem frühen Tod des Vaters die Mutterbeziehung als hart und karg (die Mutter kaufte beispielsweise einen Sack Haferflocken, die Kinder mussten sich damit ihr Frühstück selbst machen). Seine eigene Familie sollte ganz anders sein, harmonisch, liebevoll, auf die Kinder zentriert.

Und genau diese Familie hatte er verloren. So erlebte er es, obwohl seine Kinder längst selbstständig waren. Er hatte versagt, hatte durch seine Fürsorge und sein Vorbild die Familie nicht zusammenhalten können, hatte die Liebe zu seiner Frau verloren, weil ihn diese vor den Kindern bloßgestellt hatte. In Anwesenheit ihrer Freundinnen sprach sie über ihn wie über einen Fremden, er sei immer so depressiv, mit ihm sei nichts anzufangen.

Angesichts des ruinierten Hauses und der merkwürdigen Ruhe seiner Mutter kamen wir darauf zu sprechen, wie wichtig es heute in unseren Beziehungen sei, Ruinen zu akzeptieren und in ihnen zu leben. Wir müssen uns damit abfinden, neue Gebäude in den Ruinen der früheren zu errichten und möglichst sinnvoll und schonend mit deren Substanz umzugehen.

So können wir lernen, mit unserer Geschichte zu leben, das Patchwork der Zweit- und Drittfamilien liebevoll zusammenzunähen und nicht den irrealen Anspruch zu stellen, wir könnten immer von vorne beginnen. Denn Kinder hängen meist an beiden Eltern. Wer völlig entwertet, was einmal gut war, handelt so unökonomisch wie der Nomade, der lieber im Regen stehen bleibt, als Unterschlupf zwischen den Tempeltrümmern einer untergegangenen Kultur zu suchen.

In diesen Zusammenhängen kamen wir auf den Begriff des Ruinenwertes zu sprechen. Das ist ein Wort, das ursprünglich in der Kunstgeschichte geprägt wurde. Es gibt Bauten – griechische Tempel oder ägyptische Pyramiden – die als Ruine mehr Eindruck machen als andere, etwa Mauern aus Lehmziegeln oder Holzkonstruktionen.

Dieser Ruinenwert spielte in den Überlegungen von

Architekten der NS-Zeit eine große Rolle. Hitlers Lieblingsbaumeister Albert Speer versprach dem Führer nicht nur ungeahnte Monumentalität, sondern auch attraktive Ruinen. Sie sollten noch nach Jahrhunderten vom Ruhm des Reiches künden. Um sie zu errichten, mussten Hunderttausende von Zwangsarbeitern in die Steinbrüche.

Ich bin überzeugt, dass mein Patient seine Kränkungen besser verarbeiten könnte, wenn nicht seine Eltern an der Aufgabe gescheitert wären, mit ihren eigenen Kränkungen durch den Untergang des NS-Regimes und ihre Verstrickungen in dessen Verbrechen anders umzugehen als durch Schweigsamkeit und Verleugnungen. Dafür spricht auch, wie wenig Hilfe in dem Traum die Mutter ist, die angesichts des Dachschadens (auch dieses ein vielschichtiges Wort, das die Phantasie des Träumers aufgreift, er sei geistesgestört) so ruhig bleibt.

Sie zeigt ihm nur, wie man angesichts einer Ruine selbst zu Stein wird. Und weil er das fürchtet, kann er nicht ruhig bleiben, wenn er sich in den Ruinen seiner Ehe bewegen will, ist außerstande, seine Zeltschnur an einen der erhaltenen Pfeiler zu binden und als Nomade an einem Ort zu verweilen, in dem es auch Spuren von Schönheit und Glück gibt, ebenso wie Zeugnisse von Zerstörung und Verfall.

Dankbarkeit

Neulich bin ich in einem Pflanzenkatalog sozusagen geistig gestolpert. Da war die Rede von einer dankbaren Staude: blühwillig bei geringen Bedürfnissen an Licht und Dünger.

Dankbarkeit ist für den Psychotherapeuten etwas ganz Wichtiges. Nicht weil er erwarten sollte, dass seine Klienten ihm dankbar sind; das geschieht zwar manchmal, aber es wird nicht erwartet oder verlangt. Aber dort dankbar sein zu können, wo es einen Grund dafür gibt, ist eine unterschätzte Stütze unserer seelischen Gesundheit und unserer sozialen Bindungen. Dankbarkeit schützt uns vor zerstörerischem Verhalten.

Jeder weiß, dass es dumm ist, den Ast abzusägen, auf dem man sitzt. Aber die psychologische Nothilfe ist voller Menschen, die genau das getan haben – sie haben Beziehungen zerstört, Wohnungen gekündigt, Arbeitsplätze verlassen und zu spät bemerkt, dass sie sich jetzt nicht frei, sondern verloren fühlen.

Dankbarkeit zu erleben, zu fühlen, wie wichtig das Gute ist, das wir von anderen bisher erhalten und wahrscheinlich auch in Zukunft bekommen werden, ist eine Art

seelisches Frühwarnsystem vor gefährlichen Racheimpulsen.

Der biblische Satz »Liebe deinen Nächsten wie dich selbst« enthält auch einen Kern zum Verständnis des menschlichen Narzissmus: Es ist weder möglich, Nächstenliebe durch Strafe, Kritik oder Anleitung zum Selbsthass zu fördern (wie es nicht selten in der »schwarzen Pädagogik« der Frommen geschieht), noch kann Nächstenliebe gelingen, wenn wir unser Gefühl der Dankbarkeit für das Gute verlieren, das wir in einer Beziehung erlebt haben.

Frau A. kommt abends erschöpft von einem langen Arbeitstag nach Hause und spürt, wie ihr das Blut in den Kopf schießt, als sie die Küche der Wohnung betritt. Ihre Tochter hat vor einigen Wochen das Abitur bestanden und geht jetzt die Zeit bis zum Beginn des Studiums fast jede Nacht tanzen. Sie schläft dann lange, steht irgendwann auf, kocht sich eine kleine Mahlzeit und ist schon wieder mit ihren Freundinnen unterwegs, wenn ihre Mutter nach Hause kommt. Der Vater hat vor sieben Jahren seine Familie verlassen und vor vier Jahren wieder geheiratet.

Angesichts des schmutzigen Geschirrs verliert die Mutter die Fassung. Sie arbeitet den ganzen Tag, um für die Familie Geld heranzuschaffen, die Tochter tut nichts und verlangt von der Mutter auch noch, ihren Dreck wegzuräumen. Das soll der Dank sein für die ganze Mühe? Die Mutter hat Lust, der Tochter das Geschirr aufs Bett zu schmeißen. Oder soll sie die Tür abschließen, damit die Tochter nicht wieder die Wohnung so hinterlassen kann? Dann aber würde die Tochter klingeln, es würde eine Szene geben, die Nachbarn … Soll sie versuchen, die Tochter über das Handy zu erreichen und sie zur Rede stellen? Frau A. ist eine ganz normale Mutter, seit ihrer Scheidung leidet sie manchmal an Depressionen und bricht Männerbeziehungen ab, sobald sie den Verdacht schöpft, wieder an jemanden geraten zu sein, der sie ausnutzt. Sie war ein sehr braves Kind, das den vertriebenen und geflüchteten Eltern keine Probleme machte und es daher heute oft ungerecht findet, manchmal aber auch stolz darauf ist, dass ihre Tochter anders ist, anspruchsvoller, selbstbewusster.

Da Frau A. eine durchschnittlich gute Kränkungsverarbeitung hat und nicht an einem Borderline-Syndrom leidet, tut sie nichts von dem, was ihr die erste Wut eingegeben hat. Sie erinnert sich daran, dass ihre Tochter durchaus abspült, wenn man es mit ihr vereinbart. Jetzt fällt ihr auch eine Szene ein, die sie damals anrührend und fast beschämend fand: Sie hatte sich wieder einmal darüber aufgeregt, dass ihre Tochter zu spät nach Hause gekommen war, hatte geschimpft, dass man nichts als Sorgen mit dem Kind habe.

Da hatte die 15-Jährige gesagt: »Du könntest mir ruhig auch einmal dankbar dafür sein, dass ich keine Drogen nehme und nicht magersüchtig bin!« Natürlich, das nahm man als Mutter schnell als selbstverständlich hin. Der Stolz auf ihre Tochter kehrt jetzt bei Frau A. zurück. Sie ist doch ein gutes Kind, von dem sie es vernünftigerweise nicht erwarten kann, sich in den Stress und die Ordnungsbedürfnisse der Mutter einzufühlen.

Warum also wird in einem Pflanzenkatalog die anspruchslose Staude als dankbar bezeichnet? Ist Dankbarkeit wenig wert? Womöglich weil es nicht in die Konsumgesellschaft passt, einem Auto, einem Wintermantel dankbar zu sein für treue Dienste? Nur aufgezwungene Dankbarkeit gewinnt eine Qualität, die der dankbaren Staude gleicht. Dankbar ist, wer klaglos und bescheiden seine Dienste tut. Dankbar ist, wer sich nicht beschwert, wenn er an einem finsteren Platz gedeihen soll, sondern trotzdem blüht.

Ehefrauen haben demnach dankbar zu sein, dass ihr Mann sich nicht betrinkt und sie dann verprügelt. Der Mitarbeiter sollte dankbar sein für seinen Arbeitsplatz, das Kind dafür, dass es geboren wurde, die Staude, dass wir sie gekauft und im Garten in ein Loch gesteckt haben.

Die psychologisch wertvolle Dankbarkeit bindet uns an den Austausch im Guten, indem sie nicht zulässt zu vergessen, was wir bekommen haben. Die anspruchslose Dankbarkeit verlangt von uns zu vegetieren, weil es immer noch schlimmer kommen könnte.

Depression

Die Depression ist ein Leiden, das seine Ursachen verdunkelt und die Hoffnung verschlingt, sie könnte vorübergehend sein, wie andere Leiden auch, was sie in Wahrheit ist. Die »melanos cholos«, die schwarze Galle der Melancholie, entfaltet sich wie die Tintenwolke, welche der bedrohte Oktopus ausstößt, um in ihr zu verschwinden.

Wer ein wenig depressiv ist, sozusagen normal-neurotisch, der weiß meist, woran es liegt. Er spricht darüber. Sein Chef ist unfreundlich, die Examensnote mies, die Freundin macht einem anderen schöne Augen. Wer sehr depressiv ist, der hat keine Ahnung, woran es liegt. Seine Ehe ist in Ordnung. Andere haben viel schlimmere Vorgesetzte. Das Haus ist beinahe abbezahlt. Nur in ihm selbst ist diese Qual, dieser Energiemangel, diese Freudlosigkeit, die alle Ablenkungen zerfallen lassen und die Sinnlosigkeit seiner Existenz blank legen wie zum Kurzschluss einladende Drähte.

So wird der schwer Depressive zum Opfer der Organmedizin oder der Drogendealer, je nachdem, in welchem Milieu er zu Hause ist. Beide sagen ihm, dass ihm ein Stoff, eine Substanz fehlen, um ihm etwas zu verkaufen. Ich wähle diesen Vergleich, um die Aufmerksamkeit dafür zu schärfen, dass letztlich sehr primitiv ist, was sich als besonders fortschrittlich und besonders wirksam ausgibt: Da wird die unermesslich weite Landschaft der menschlichen Lebensgeschichte, der Kindheit, der Traumatisierungen, des Werterlebens, der gutwilligen und doch ungesunden Selbsteinschränkungen verflacht und reduziert auf ein paar Stoffwechselparameter.

Es wird behauptet, die schwere Depression sei »in Wirklichkeit« eine Erkrankung des Gehirnstoffwechsels, als ob dieser Stoffwechsel etwas wäre, das nicht eng als Begleiter, Niederschlag, Impulsgeber mit unserer Biographie verbunden ist. Und schließlich soll für die Vielfalt der Zusammenhänge eine würde- und einfallslose Monotonie von trizyklischen Antidepressiva oder MAO-Hemmern gut sein.

Opiumsüchtige und Opiumhändler haben schon immer die besten Argumente für den Segen ihrer Ware gefunden. Aus ebendiesem Grund ist größte Skepsis angebracht. Es ist bis heute nicht eindeutig bewiesen, dass Antidepressiva wirklich mehr nützen und weniger schaden als ein Placebo. Und da eine enorme Macht wirtschaftlicher Interessen im medizin-industriellen Komplex am Werk ist, um die Segnungen der Psychopharmaka zu verkünden, wiegt jeder kritische Einwand doppelt.

Buschmänner, Aborigines und Indianer scheinen Depressionen in unserem Sinn nicht zu kennen. Der depressive Zustand kam erst mit dem Fortschritt in die Welt. Nach einer beliebten Erklärung der Psychopharmakologen, die ja auch manchmal mit den Kranken reden, ist er darauf zurückzuführen, dass sogenannte biogene Amine, Botenstoffe im Gehirn, zu rasch verbraucht werden. Die Depots sind leer, das Medikament sorgt dafür, dass dieser schnelle Abbau gehemmt wird. Dann geht es dem Depressiven wieder besser – »Ich muss lachen und weiß nicht warum«, sagt er dann etwa, oder »Jetzt ist mir egal, dass mich mein Freund verlassen hat, aber alles andere ist mir auch egal!«

Die körperliche Behandlung der Depression entspricht der Verdunklungstaktik, welche die Depressiven entwickeln, um ihr Leiden zu verschleiern. Dabei sind die Nebel der Chemotherapie noch gnädig gegenüber der Finsternis einer Elektrokrampfbehandlung, die als letztes Mittel angeraten wird.

Natürlich sind auch viele der Forscher und Ärzte depressiv, daher liegt es ihnen fern, eine geistige Position gegen die Melancholie zu finden. Wer sich eingehend mit den Depressiven beschäftigt, kann es den Forschern und den Kranken auch nicht übel nehmen, wenn sie von Psychotherapie nichts halten, denn der Depressive braucht Entlastung, braucht die Zusicherung, dass er nichts für sein Leiden kann, dass er ohnmächtig ist, dass er bisher ohnehin zu viel leisten und richtig machen wollte und deshalb nicht auch noch damit belastet werden kann, sich seinen Problemen zu stellen. Da ist es tröstlich, vom Arzt und vom Neurobiologen versichert zu bekommen, dass alles organisch ist und vieles an den Genen liegt. Dem stimmt der Therapeut zu und kann es doch nicht lassen, sich weiter mit der Frage zu beschäftigen, warum in unserer Leistungsgesellschaft so viele Menschen depressiv werden. Der Depressive spart sein Leben lang für eine spätere Ernte, die aber nicht reift: Wenn er das erkennt, ohne es zu wissen, bricht die Krankheit aus. Er fügt sich, er arbeitet, er nimmt Rücksicht, er verbreitet den Schein von Uneigennützigkeit, er ist korrekt wie ein Bauer, der es sich verbietet, das Saatgetreide zu verspeisen. Die Wut, die vielleicht einmal die Eltern traf, wird unschädlich gemacht, indem sie sich gegen das eigene Ich richtet. Der Depressive hat alles unter Kontrolle, weil er sich gut fügen kann. Er bändigt seine Angst, verlassen zu werden, aber da er seine Wünsche im Übermaß opfert, weiß er am Ende nicht mehr, warum sich diese Anstrengung lohnen soll, und kann nicht einmal jammern, denn er ist selbst Schuld an dieser Situation.

So zahlt der Mensch mit der Depression für die große Sicherheit der Zivilisation. Er hat gelernt, dass er durch Anpassung etwas dafür tun kann und muss, in dieser Sicherheit zu bleiben. Er hat Eltern, die ihn zwingen oder ihm vorleben, die Aggression gegen sich zu richten. Jägerinnen schlagen ihre Kinder nicht, denn das würde – so sagen sie – diese mutlos und ungeschickt machen. Seit es agrarische Kulturen gibt, werden Kinder geschlagen und entwertet, wenn sie nicht so sind, wie sie sein sollten. In der Bibel, im Buch Jesus Sirach steht: Zerschlage seine Rippen, solange er noch klein ist, damit er dir später keinen Kummer macht. Also können wir die Depression auch eine biblische Krankheit nennen, denn sie ist der Kummer, der durch dieses Mittel geschaffen wird, ihn zu vermeiden.

Jäger dürfen ihren Sinnen und Trieben gehorchen – ihrer Angst vor dem Stärkeren, ihrer Lust. Emotion und Situation passen zusammen, Kampf und Flucht sind Alltag. Die Sicherheit der Städte wird durch die wachsende

Macht der Normen erkauft, die wir nicht sehen können und die uns doch mehr Energie kosten als alle Löwen und Hyänen der Savanne.

Die Depression ist der Zustand, in dem ein Mensch unter der Last der Erwartungen gequetscht und gelähmt ist, ohne zu wissen, was mit ihm geschah. Er hat unsichtbare Speicher gefüllt und ist selbst leer geworden, er hat den Wunsch, um sich zu schlagen oder davonzulaufen, so gut unterdrückt wie den, alles hinter sich zu lassen und anderswo ganz neu zu beginnen. So ist ihm, während er einen großen Vorrat an Sicherheit anlegen konnte, das Leben abhandengekommen.

Doping

Wenn im Geschichtsunterricht die Gladiatorenspiele der römischen Antike oder die Schlachten des Alten Fritz durchgenommen werden, meinen die Gymnasiasten, doch Trost in der Gegenwart zu finden. Ist es nicht undenkbar, dass Menschen mit Peitschen zum Gemetzel in die Arena getrieben werden oder Soldaten ihre Angst vor dem feindlichen Feuer unterdrücken, weil sie die Waffe des Feldwebels in ihrem Rücken noch mehr fürchten? Wer sich jedoch ein wenig in die Berichte der Sportreporter vertieft, die Dynamiken des Profisports studiert, an die Doping-Skandale und die noch weit skandalösere Doping-Dunkelziffer denkt, ist sich des Fortschritts nicht mehr sicher.

Im Januar 2007 wurde ein Interview mit einem »Alpin-Direktor« der deutschen Ski-Frauen veröffentlicht, in dem dieser seinen Schützlingen »Psycho-Hysterie« zuschreibt, als gäbe es eine andere. Die Läuferinnen würden zu defensiv Ski fahren, dabei gäbe es doch keine Verletzungsserie aufzuarbeiten wie 2003 oder 2004, als von acht Starterinnen vier im Krankenhaus lagen. Der tapfere Trainer hat offensichtlich den Begriff der Psycho-Hysterie erfunden, um eine doppelte Hysterie zu brandmarken, eine wenig ernst zu nehmende Willens- und Mutschwäche, welche durch die Androhung einer Rückstufung in Rennen der zweiten Garnitur behoben werden kann.

Die Rede des Alpin-Direktors gegen die »Feigheit« seiner Kämpferinnen ist ein Beweis dafür, wie ungebrochen sich militaristische Traditionen im Leistungssport halten. Die Sportfunktionäre sind in ihrem psychologischen Wissen und in ihren geistigen Haltungen noch auf dem Stand der preußischen Armee von 1914. Damals, zu Beginn des Ersten Weltkriegs, gab es einfach keine durch nervöse Überlastung kampfunfähigen Soldaten: Es gab nur Feiglinge.

Im Zweiten Weltkrieg änderte sich das. Als der amerikanische General Patton, ein berüchtigter Haudegen, in Sizilien einen Soldaten ohrfeigte, der wegen eines posttraumatischen Syndroms im Lazarett lag, wandten sich die klüger gewordenen Ärzte an die Presse. Nach einer heftigen Diskussion in den Medien musste sich Patton entschuldigen.

Diese Einsicht in die Grenzen menschlicher Belastbarkeit droht einer enthemmten Siegesgeilheit zum Opfer zu fallen. Sie prägt nicht nur die Trainer und Funktionäre, sondern auch die Berichterstattung. Dass Sport ein Spiel ist, sein Sinn darin liegt teilzunehmen, nicht aber um jeden Preis zu siegen, wirkt angesichts einer wachsenden nationalistischen und militaristischen Tendenz in der Sportindustrie wie ein Ammenmärchen.

Das Verletzungsrisiko ist extrem hoch, und die Trainer sind gnadenlos, wenn sie den Eindruck haben, dass sich jemand »schont«. Natürlich gibt es selbstbewusste Ausnahmetalente, die sich von niemandem in ihrer körperlichen Risikobereitschaft beeinflussen lassen. Aber unsichere Persönlichkeiten können sich kaum vor solchen (Über-)Forderungen schützen.

Ehetherapie

Was für eine schöne und schreckliche Erfindung ist das Liebespaar! Es ist der Traum vom erfüllten Leben und die Hölle auf Erden. »Es wird immer schlimmer, ich sehe kein Zukunft für uns, ich habe nur noch Wut, trage einen schweren Stein in mir, nur noch Hass, habe jetzt den gemeinsamen Urlaub storniert. Er will nicht tanzen und verbietet mir den Tangokurs, er will kuscheln, und ich mag nicht, er denkt ja doch nur an die andere Frau!«

Diese Sätze sind ein Ausschnitt aus einer »Ehetherapie«. Merkwürdiger Name. Lässt sich denn eine Ehe behandeln? Sollen wir »Paartherapie« sagen, um der Anmaßung zu entgehen, wir könnten an etwas bessern und basteln, was im Himmel gestiftet und auf Erden als Sakrament gespendet wurde?

Wenn die Brautleute vor dem Altar stehen, hinter ihnen Brautvater und Bräutigammutter, Brautmutter und Bräutigamvater, wenn sie sich die Liebe versprechen, in guten und in schlechten Tagen bis zum Tod, dann weiß der Paartherapeut nicht, ob er diesen Mut bewundern oder sich über so viel Naivität amüsieren soll. Freud hat einmal sinngemäß gesagt, dass die Erziehung uns auf das Sexualleben vorbereitet, als würden Menschen in Sommerkleidern und Sandalen auf eine Polarexpedition geschickt.

Wer in seinem Arbeitstag immer wieder damit beschäftigt ist, Menschen zu trösten, deren Bild von einer Beziehung gerade zerbrochen ist, wird dankbar für Vergleiche, die in verweinte Gesichter wieder ein Lächeln zaubern können. An sich ist die Ehe ohnehin nur auszuhalten, wenn man entweder nie viel von ihr verlangt hat oder der gemeinsame Humor zusammen mit den Ehejahren gewachsen ist. Die letzte Lösung ist bei weitem die beste, aber sie lässt sich leider nicht in Pillen drehen.

Ein solcher Vergleich ist die Geschichte Schopenhauers von den frierenden Stachelschweinen:

»Eine Gesellschaft Stachelschweine drängte sich an einem kalten Wintertage recht nahe zusammen, um durch die gegenseitige Wärme sich vor dem Erfrieren zu schützen. Jedoch bald spürten sie die gegenseitigen Stacheln, welches sie dann wieder voneinander entfernte. Wenn nun das Bedürfnis der Erwärmung sie wieder näher zusammenbrachte, wiederholte sich jenes zweite Übel, so dass sie zwischen beiden Leiden hin- und hergerissen wurden, bis sie eine mäßige Entfernung herausgefunden hatten, in der sie es am besten aushalten konnten.«

Nur durch einen gewissen Aufwand an Verleugnung und Illusionsbildung kommen Menschen zu dem Ergebnis, sie seien ein Traumpaar, turmhoch über anderen Paaren, die mit getrennten Konten oder getrennten Betten verraten, dass in ihrer Beziehung irgendetwas nicht stimmt.

Solange diese Illusion hält, braucht niemand einen Therapeuten. Wenn sie aber zerbricht, erschreckt uns der Blick in einen Abgrund.

Die menschliche Liebe ist weder rein noch sozusagen aus einem Guss. Sie enthält ein Gemisch unterschiedlicher Elemente. Vor allem wird dem Forscher irgendwann klar, dass Sexualität für ein Individuum »zu viel« ist. Sie ist so mächtig, so verwirrend, dass wir allein nicht mit ihr fertig werden. Sie jagt uns Angst ein, die wir uns ungern eingestehen. Wir brauchen einen Partner, ein Gegenüber, dem wir vertrauen können, um die mit der Liebe verbundenen Gefühle zu entfalten. Andernfalls bleibt eine gut beherrschbare, aber auf mechanischen Sex reduzierte Beziehung. Oder aber die Gefühle entfalten sich nur in Wunschträumen und scheuen die Berührung mit einem realen Menschen.

Die Liebesehe ist eine junge Erfindung. Sie hat uns befreit, aber diese Freiheit ist auch gefährlich. Früher, in Dorf und Kirchengemeinde, war der äußere Halt für die Liebenden selbstverständlich. Heute müssen sie ihn sich suchen, manchmal auch bei einem Therapeuten. Beziehungen gedeihen besser, wenn sie sich in einem Netz von Freunden und Verwandten entfalten können.

Denn dann ist der Liebespartner nicht ganz allein mit der Aufgabe, nicht nur erotische Höhepunkte zu ermöglichen, sondern auch dabei zu helfen, die heftigen Ängste, die Wut- und Hassreaktionen zu bändigen, welche der Schatten sexueller Leidenschaft sind. Es ist banale Weisheit der Kriminalpsychologie, dass angesichts eines Mordes der Ehepartner immer der erste Verdächtige ist.

Ob es einer Frau oder einem Mann gelingt, sich mit Partner oder Partnerin zu entwickeln, hängt nicht von ihr oder ihm allein ab. Wichtig ist zunächst die Erfahrung, die wir als Kinder mit der Beziehung unserer Eltern gemacht haben.

Die Verinnerlichung eines »guten Paares« in der Kindheit hilft sehr, um die Belastungen der Zweierbeziehung und der Auseinandersetzung mit der Fremdheit des anderen Geschlechts zu bewältigen. Aber auch wer ein solches Paar in sich aufnehmen konnte, braucht den guten Willen eines Gegenübers. Ein Feind reicht, um einen Krieg auszulösen.

Eine Frau zieht ihre Tochter ins Vertrauen: Der Vater ist ein brutaler Mensch, sie liebt ihn nicht, sie bleibt nur aus Angst bei ihm, um der Familie den Versorger zu erhalten. Ein Vater zeigt seinem Sohn in einem Lehrbuch der Psychiatrie den Text über hysterische Störungen: Da finde er doch die Mutter beschrieben, wie sie leibe und lebe.

Entwertung und Erniedrigung des anderen stützen das eigene Selbstwertgefühl und untergraben es zugleich. Indem das einst Glück und Stabilität spendende Wesen erniedrigt wird, hofft der Täter (oder die Täterin) auf eine eigene Erhöhung. In der Vernichtung dessen, der mich gekränkt hat, meine ich die Zeit zurückzudrehen und die Kränkung selbst ungeschehen zu machen.

Solche Störungen vererben sich insofern, als jene Menschen, die das gute Paar nicht verinnerlichen konnten, als Erwachsene leidenschaftlich nach einer überdurchschnittlich guten Partnerschaft suchen und überzeugt sind, sie dürften sich nicht zufriedengeben, ehe sie diese erreicht haben.

Erwiderte, real mögliche Liebe ist für narzisstisch gestörte Menschen langweilig und banal. Sie kann die tiefe Sehnsucht nach grandioser Aufwertung nicht befriedigen, die im Kampf um den gebundenen, widerstrebenden, psychisch beeinträchtigten Partner erfüllbar scheint. Glück ist dann nicht Ankommen, sondern unterwegs sein zu dem idealisierten Objekt.

Eifersucht

Ein Mann geht in Rente. Jetzt hat er endlich Zeit, die verstaubten Papierstapel zu sortieren, die seit Jahrzehnten auf dem Dachboden liegen. Er geht gründlich vor, versucht das Wichtige vom Unwichtigen zu trennen. Zufällig findet er in einem Karton, den nicht er, sondern seine Frau weggeräumt hat, einen Packen Liebesbriefe eines Fremden.

Er hat bisher gedacht, in einer soliden Ehe zu leben. Die Leidenschaft ist nicht mehr so wie früher, aber verglichen mit anderen Paaren, die sich streiten, gar scheiden lassen, ist es eine gute Beziehung. Man kann sich aufeinander verlassen, hat viele gemeinsame Interessen und Gesprächsthemen, die sich auch auf einem langen Spaziergang nicht erschöpfen.

Mit einem Schlag ist alles anders. Ein ausgeglichener, welterfahrener Mann, der sich manchmal mit einem kleinen Lächeln als »rüstig« bezeichnet hat, verwandelt sich in ein beleidigtes Kind, das trotzig jede Zuwendung einer erschrockenen Partnerin verweigert. Er kann nicht mehr schlafen, verliert den Appetit und schreit sie an, sie wisse doch genau, was sie ihm angetan habe, nie wieder werde er ihr vertrauen, sie sei eine Schlange, eine Verräterin, eine Hure. Er gebraucht ordinäre Ausdrücke, die niemand in seinem Vokabular vermutet hätte und veranstaltet Verhöre, in denen er die Sexualpraktiken des Geliebten, an den sich seine Frau nur dunkel erinnert, bis in die letzten Einzelheiten erkundet. Sie gibt Auskunft, denn er verspricht, danach Ruhe zu geben und ihr alles zu verzeihen. Aber später erinnert er sich nicht mehr an dieses Versprechen. Im Gegenteil: Er führt ihre Berichte als Geständnisse an, die seine strafende Wut rechtfertigen.

Solche Ereignisse beweisen die Macht der Phantasie über die Realität. Wenn der Mann nicht die alten Briefe gelesen hätte, die ein vor 15 Jahren abgelaufenes Ereignis in seinem Bewusstsein zur absoluten Neuigkeit machten, hätte er in seiner Ehe weitergelebt wie bisher.

Jetzt muss er sich mit einer unerwarteten Kränkung auseinandersetzen, die in seinem Erleben dadurch noch verschärft wird, dass er erst jetzt von ihr erfährt. Wir können uns unschwer ausmalen, wie er auf den Gedanken kommt, Zellproben untersuchen zu lassen, um herauszufinden, ob die während der Ehe geborenen Kinder wirklich von ihm gezeugt wurden.

Allerdings verdient auch die andere Hälfte des Konflikts unsere Aufmerksamkeit. So unschuldig, wie sie sich fühlt, ist die Frau nicht. Ihre Affäre mag verjährt sein. Aber warum in aller Welt hat sie die Briefe aufgehoben? Sie wusste doch, wie viel Sprengkraft sie enthielten! Dennoch hat sie die Liebesspuren so nachlässig versteckt, dass ihr Mann sie finden konnte, ja musste.

Sie würde beteuern, das sei reiner Zufall, nie habe sie so etwas vorausgesehen. Aber ist ihr wirklich zu glauben? Es hat eine Bedeutung, Erinnerungen festzuhalten. Vielleicht hat sie sogar mehrere Male das Päckchen mit einem brisanten Inhalt in der Hand gehabt. Sie stand schon vor dem Ofen oder an der Mülltonne, hat überlegt, ob sie sich nicht von diesen Briefen trennen sollte und es nicht übers Herz gebracht.

Wer die Eifersucht erforscht, kommt um das Studium des Selbstverrats nicht herum. Kaum ein Zusammenbruch von Erwartungen ist heftiger als jener nach einem gut gemeinten Geständnis an den vertrauten und sonst immer so verständnisvollen Partner über Gedanken oder gar Taten, die seine Eifersucht wecken. Da hatte man sich schließlich einmal Vertrauen und Offenheit in einer modernen Ehe geschworen, hat im Glauben daran über einen ganz harmlosen Flirt, einen banalen Seitensprung berichtet, hat versucht zu erklären, was einen anderen Mann, eine andere Frau interessant gemacht hat – und jetzt diese zerschmetternde Wut, diese rachsüchtige Trennungsdrohung, dieses absolute Unverständnis. Eigentlich hat man es gut gemeint mit dem Geständnis. Aber jetzt leistet frau/man einen heimlichen Schwur: Lieber beiße ich mir die Zunge ab, als dass ich noch einmal etwas gestehe!

Eifersucht zeigt uns, dass unsere Liebe aus sehr irdischem Stoff gemacht ist. Wir brauchen die Sicherheit, der/die Einzige zu sein, weit mehr, als wir es uns selbst eingestehen, und glauben Beteuerungen, die wir nicht kontrollieren können, weit weniger, als wir es gerne täten. Die Ungeheuer der Tiefe, die Eifersucht wecken, sind die Gefühle eines verlassenen Kindes, die Wut gekränkter Eitelkeit, der Zorn über Eidbrüchige, die uns zuvorgekommen sind mit ihrem Verrat.

Wer naiv und gutgläubig dem Partner von seinem Fremdgehen berichtet, hat oft die Phantasie eines Opfers. Er bewundert die Partnerin, sie liebt den Partner so sehr, dass auf dem Altar vor diesem Götzenbild weniger bedeutungsvolle Lieben verbrannt werden wie die Weihrauchopfer der Antike. Das war doch nur flüchtiger Sex, eine vorübergehende Faszination, die Lust eines Augenblicks, die jetzt dargebracht und nicht nur verziehen, nein, auch anerkannt und angenommen wird.

Göttinnen und Götter mögen so reagieren. Frauen und Männer tun es nicht. Mit einem Menschen liebevoll umzugehen, heißt auch, nicht eigensüchtig zu fordern, er solle helfen, Belastungen zu verarbeiten, für die er nicht zuständig ist.

Die Antithese zu Eifersucht beleuchtet der Scherz des jüdischen Kaufmanns, der – auf die Untreue seiner schönen Geliebten hingewiesen – entgegnet: »Bin ich doch lieber beteiligt mit 50 Prozent an einem guten Geschäft als mit 100 Prozent an einem schlechten!«

Solche Geschäfte setzen voraus, dass sich jeder Partner darauf verlassen kann, dass sein Anteil verlässlich verzinst wird, dass Verträge gelten und nicht einseitig gekündigt werden. In der unverbindlichen Gesellschaft der Moderne schwindet der Glaube, dass Gefühle und Strukturen dauerhaft versöhnt werden können. Verschmelzung oder Trennung, das ist die Frage. Eifersucht spiegelt die Angst, dass der bisher treue Partner seine ganze Verlässlichkeit dem Rivalen schenkt, so dass nichts übrig bleibt. Projizierte Gier vertieft die Angst, alles zu verlieren. Othellos Tat nimmt vorweg, was der gekränkte Stolze zu erleiden fürchtet: Niemand soll haben, was er in dem Augenblick verliert, in dem er teilen soll.

Eitelkeit

Menschliche Eitelkeit ist mehr als ein Thema für das Witzblatt. Sie ist ein Problem, das Familien unglücklich machen und Betriebe in den Ruin treiben kann.

Die meisten Ehen werden geschieden, weil die Partner einander in ihren Bedürfnissen nach Anerkennung enttäuscht haben. Die meisten Betriebe gehen pleite, weil bei den Verantwortlichen die Eitelkeit über den Wirklichkeitssinn siegt, nach dem Motto: Mein Konzept ist perfekt, nur hat es der Markt noch nicht angenommen. (In der Politik heißt das: Unsere Arbeit ist wunderbar, aber wir haben es leider nicht verstanden, sie den Wählern zu vermitteln.)

Frauen gehen mit der männlichen Eitelkeit anders um als Männer mit der weiblichen. Auf den Punkt gebracht: Die charakteristischen Reaktionen der Frau auf die gekränkte Eitelkeit eines Mannes sind Wut oder Schuldgefühl. Die charakteristische Reaktion des Mannes schwankt im umgekehrten Fall zwischen Mitleid und Langeweile.

Eine Abteilungsleiterin berichtet von einem Problem in ihrem Team. Dort streiten sich zwei Männer unentwegt und blockieren die Arbeit.

»Immer wieder habe ich mit ihnen geredet und durchgesetzt, dass sie jetzt dieses Projekt noch zusammen durchziehen. Wenn es vorbei ist, wollte ich den einen unterstützen, sich in einer anderen Abteilung zu bewerben. Sie haben behauptet, sie hätten das angenommen, ich atmete auf. Aber nach 14 Tagen sind die Streitigkeiten wieder da. Der eine sitzt vor mir, der Mund ein Strich, finster wie die Nacht. Ich brauche eine Viertelstunde, um aus ihm herauszubekommen, was los war. Es passte ihm nicht, wie der andere die letzte Präsentation gemacht habe. Der eine ist fachlich sehr tüchtig, aber kein Akademiker, der andere hat einen Doktortitel und ist nicht schlecht, aber ein wenig unordentlich. Ich vermute, dass der eine sich unterlegen fühlt. Aber man kann ihn darauf nicht ansprechen. Er leugnet das rigoros. Er behauptet, es ginge ihm nur um die Sache und nimmt doch alles persönlich. Er beklagt sich, dass der andere ihn nicht erwähnt hat, dass er mittendrin aufgehört hat, weil er eine Diskette holen musste. Lauter lächerliche Kleinigkeiten. Und dann zieht er sich zurück und redet nicht mehr mit ihm, und es geht nichts weiter. Ich weiß nicht, was ich noch machen soll, ich bin mit meinem Latein am Ende. Aber auch diesmal habe ich es wieder hingekriegt. Wenn beide bei mir sind, reden sie auch wieder miteinander. Ich müsste ein Mittel finden, damit diese sinnlosen Streitigkeiten endlich aufhören!«

Die Abteilungsleiterin fühlt sich schuldig, weil es ihr nicht gelungen ist, den beiden Streithähnen ihre wechselseitigen Kränkungen zu ersparen. Ein Mann würde hier vielleicht eher die Gelegenheit nutzen, sich den Kontrahenten überlegen zu fühlen. Die Führungsfrau hingegen fühlt sich unter Druck, ihren Mitarbeitern in Zukunft derlei Probleme mit ihrer Eitelkeit zu ersparen. Sie muss sich gegen eine innere Stimme wehren, die ihr vorwirft, sie habe versagt, wenn ein ihr anvertrauter Mann derart frustriert vor ihr sitzt. Gleichzeitig wächst in ihr eine Wut, die sie unangemessen findet und ihre Gefühle noch verstärkt, der Situation nicht gewachsen zu sein.

Warum fällt es Frauen so schwer, die Eitelkeiten der Männer nüchtern wahrzunehmen und sich ohne größeren Energieaufwand auf sie einzustellen? Zwei seelische Kräfte greifen hier ineinander wie Haken und Öse: die unbewusste Neigung zu einer mütterlichen Rolle bei der Frau, die verleugnete Bereitschaft zu kindlichem Anspruchsdenken beim Mann.

Es gibt eine alte Fabel, welche diese Probleme beleuchtet. Shakespeare erzählt sie in »König Lear«: Ein eitler Vater möchte, dass seine Töchter ihm ihre Liebe beteuern. Zwei schmeicheln ihm, die dritte aber, Cordelia, bleibt stumm. So wird sie verstoßen, und der König vererbt sein Reich an die Schmeichlerinnen, deren Egoismus ihn schließlich ins Unglück stürzt.

Nach meinem Eindruck überwiegen in der modernen Gesellschaft die Cordelias. Die Emanzipation hat dazu geführt, dass sich die meisten Frauen ernsthafte, partnerschaftliche Beziehungen wünschen und taktische Schmeichelei nicht mehr mit ihrem Selbstbewusstsein verbinden können. Im Erleben vieler Frauen halten die Männer ihrem Anspruch nicht stand.

Die Frau wünscht sich einen Mann, der so gut mit Gefühlen umgehen und seine Eitelkeit reflektieren kann wie sie selbst. Sie übersieht, dass sie darin mehr Übung hat. Während die moderne Frau weiblich und männlich, einfühlend und kompetent ist, ergänzt der moderne Mann sein beschnittenes Gebiet männlicher Rationalität und Dominanz durch kindliche Züge. Er fällt zurück in kindliche Verhaltensmuster, oft gerade dann, wenn sich seine Partnerin Stärke und Halt wünscht.

Da die Partnerin in der ersten Verliebtheit ihm oft alle eigenen Vorzüge zugeschrieben hat, kann sie mit diesen kindlichen Seiten nicht umgehen. Sie bezieht sie auf sich, und wenn sie das nicht will, schüttet sie nicht das Kind mit dem Bade aus, sondern das Kind mitsamt dem Mann.

Das wäre eine brauchbare Lösung, wenn bessere Männer leicht zu finden wären. Aber das ist so einfach nicht. In der Praxis eines Therapeuten finden sich viele enttäuschte Frauen, die sich von einem solchen Versager getrennt haben und herausfinden mussten, dass alle Männer, die sie danach kennenlernten, größere Versager waren.

Elternschaft

Ansprüche an eine vollkommene Liebe, die früher spirituell befriedigt wurden, sind heute verweltlicht und daher viel schwerer zu erfüllen. Die Partner – am schlimmsten sind Pädagogen, Psychologen, Ärzte und andere Berufe, die sich über die zahllosen Möglichkeiten kundig gemacht haben, wie Elternschaft scheitern kann – nehmen sich vor, alle Fehler zu vermeiden. Sie wollen die Frage klären, ob sie überhaupt zur Elternschaft taugen, ehe sie sich auf das Unternehmen Kind einlassen. Dadurch wird die ohnehin vorhandene Neigung verstärkt, im Partner Elternersatz zu suchen.

Ein gesundes Baby, wie es mit hoher Wahrscheinlichkeit geboren würde, hat relativ einfache Ansprüche und wächst recht schnell heran. Was aber Erwachsene an babyhaften Ansprüchen in sich tragen, ist kompliziert und wächst nicht heran. Daher ist die Kritik der mit dem potenziellen Baby identifizierten Sozialberufler an der Elternkompetenz des Partners gnadenlos und kaum zu befriedigen.

Das Paradox geht noch weiter. »Wenn du jetzt, wo wir noch gar kein Kind haben, schon so viel Angst vor dem hast, was da an Forderungen auf dich zukommt – wie willst du es dann jemals schaffen, ein Kind großzuziehen!« So und ähnlich formulieren Menschen ihre Sorgen. Sie beachten nicht, dass die Angst vor einer imaginären Schwierigkeit immer größer ist als die Furcht vor einer realen Situation.

In der Phantasie schreit das Baby immer, hat alle möglichen Krankheiten und der Partner dreht durch. In der Realität ist es sehr wahrscheinlich, dass das Baby auch einmal schläft, dass es vielleicht eine Krankheit hat, aber viele andere nicht, und dass der Partner nicht gleichzeitig mit dem Schreien des Babys durchdreht, sondern seine Ansprüche erst anmeldet, wenn dieses zufriedengestellt ist.

Die beste Voraussetzung für Elternschaft ist eine gute sexuelle Beziehung, die sich nicht viel um die Zukunft schert, aber doch als so tragend erlebt wird, dass man ihr einige

Auseinandersetzungen zumuten kann. Mit dieser Stabilität kann das Paar den Mut gewinnen, das Kind – schließlich ein Produkt dieser sexuellen Intensität – erst einmal in diese einzubeziehen und zu glauben, dass das Kind so gut sein wird wie die gemeinsame Erotik.

Alles Weitere ergibt sich aus dem, was in diesem Geist mit dem Kind und dem Partner oder der Partnerin ausgehandelt wird. Unter diesen Prämissen ist Elternschaft nicht etwas, das vorhanden sein muss, ehe man wagt, sie zu beanspruchen, sondern etwas, das sich entwickelt und dann da ist, wenn es gebraucht wird. In Beratung und Therapie sehen wir freilich oft Paare, bei denen die sexuelle Beziehung bereits ernsthaft dadurch beschädigt wurde, dass sie nur dann stattfinden darf, wenn die Frage, ob die Partner gute Eltern sind, zufriedenstellend geklärt wurde.

Entschuldigung

Ich kann die Kränkungsverarbeitung meiner Mitbürger jeden Tag studieren. Denn zwischen Wohnung und Praxis radle ich fast täglich durch die Stadt und habe so etwas wie meine eigene Version der Straßenverkehrsordnung entwickelt. Diese schlägt eigene Wege ein, bemüht sich, niemand anderen zu stören und zu belästigen, missachtet aber manchmal Erwartungen an regelgerechtes Verhalten.

So weiche ich manchmal auf den Gehweg aus und würde das damit rechtfertigen, das sei sicherer und schade niemandem. Diese Regelwidrigkeit erlaubt nun Einblicke in andere Menschen, die für den »Küchenpsychologen« in mir höchst interessant sind. Wenn ich vorsichtig an jemanden heranradle, bemerkt dieser, dass ich mich im Unrecht bewege. Die meisten Menschen finden das ziemlich normal. Sie tun gar nichts, manche weichen aus, andere lassen den Radfahrer ausweichen. Wenn er sie anlächelt, lächeln die meisten zurück.

Manche zeigen, dass die Pharisäer nicht aussterben. Sie stellen sich ihm in den Weg und weisen den Radfahrer darauf hin, dass es der Bürgersteig ist, auf dem er fährt. Sie erwarten, dass er sich nun schämt oder schuldig fühlt, weil er sich seines Regelverstoßes bewusst wird. Das sind meist ältere, korrekt gekleidete Einheimische. Ich habe solche Reaktionen noch nie bei jungen Leuten, einem Ausländer oder einer Ausländerin erlebt, denen man auf den Münchner Wegen oft begegnet. Diese lächeln freundlich.

Schließlich gibt es eine kleine Gruppe von Menschen,

fast ausschließlich Männer, die den Regelverstoß des Gehwegradlers mit einer Lizenz zur Aggression quittieren. In weitem Bogen langsam und vorsichtig umfahren, in keiner Weise belästigt, angeklingelt oder erschreckt, lassen sie wüste Beleidigungen los. Der Radler, der als Bub schließlich auch gerauft hat, spürt die Versuchung, umzudrehen.

Heute habe ich etwas erlebt, was mich zu diesen angreifbaren Betrachtungen anregte. Ich fuhr, um einer Kreuzung zu entgehen, den Gehweg entlang. Plötzlich sprang eine junge, dunkelhaarige Frau mit einer großen gelben Tüte aus dem Eingang einer chemischen Reinigung, den ich soeben passierte. Ich bremste und wich aus. Sie erschrak, fasste sich schnell, strahlte mich an und sagte »Entschuldigung!« und schon war sie weitergelaufen. Ich murmelte ihr etwas wie »Der Fehler ist ganz meinerseits!« hinterher und war noch eine ganze Weile entzückt von dieser Person. Sie steht für eine Qualität, die sich in Beziehungen so positiv auswirkt wie kaum eine andere.

Es ist billig, sich für Fehler zu entschuldigen, die man selbst gemacht hat. Aber sich für einen Fehler zu entschuldigen, den jemand anderes machte, drückt eine kostbare Bereitschaft aus, im Dienst der emotionalen Ausgeglichenheit das

eigene Ego zu verkleinern und auf Rechthaberei zu verzichten.

Eine kleine Anmerkung ist nötig: Die junge Frau war bestimmt nicht depressiv. Sie fühlte sich in mein Erschrecken ein, aber sie fühlte sich ganz und gar nicht schuldig. Das kann auch geschehen, und davon würde die Küchenpsychologie auf jeden Fall abraten: sich für die Fehler eines anderen schuldig zu fühlen.

Entwertung

Etwas wert zu sein ist ein Kern menschlicher Bedürfnisse, ein Knoten, der den Einzelnen mit den anderen verbindet und sich in Gegenteilspaaren niederschlägt: gut und böse, schön und hässlich, hell und dunkel, Gold und Pech.

Im Sehnen nach Wert, im Wunsch, ihn zu festigen und zu steigern, steckt die Furcht vor dem Wertverlust, der Entwertung.

Misserfolge bedrücken uns, weil wir sie nicht als Zufälle sehen, sondern als Schicksal, das uns Böses will. Es fällt dem Menschen nicht leicht, an Zufälle zu glauben, wie es das bis heute anhaltende Ärgernis der Evolution ihm zumutet. Es fällt ihm schwer, sich davon zu verabschieden, dass die Vorsehung sich so wenig um ihn kümmert wie er selbst sich um das Leid der Mikroben, die jeden Tag tausendfach seinen Magensäften erliegen.

Der Mensch kann reflektieren, über sich nachdenken, sich selbst bewerten und auch sich entwerten. Er kann darin grausamer sein als alle außerhalb seiner selbst, daher entlastet ihn auch ein Ritus wie die Beichte, in der es dem Vertreter einer von der Gruppe anerkannten Macht anheimgestellt ist, den Makel zu bewerten und die Buße festzusetzen.

Ersatzdrogen

Es gibt eine Anekdote aus Bayern, welche neben speziellen Qualitäten dieses Landstrichs auch Allgemeinmenschliches verrät. Zwei benachbarte Bauern, die sich nicht leiden können, treffen sich nach dem Kirchgang und finden eine

Kröte am Weg. »Bal du die hoibe Krottn frisst, zoi i dia fünfzig Mark!« sagt der eine. Um den anderen zu ärgern und zu zeigen, dass ihm vor nichts graust, verspeist der Angesprochene tatsächlich die halbe Kröte. Sie schmeckt in der Tat ekelhaft.

Als er sieht, wie der andere zögernd zum Geldbeutel greift, kommt ihm der rächende Einfall. Er schlägt dem Gegner vor, die andere Hälfte der Kröte zu essen – dann seien sie wieder quitt. Dieser macht sich an die widerliche Aufgabe. Als er fertig ist, den scheußlichen Geschmack im Mund, den Gegner bleich neben sich, sagt er seufzend: »Jo worum ham mia zwoa jiatz die Krottn gfressn?«

Die allgemeine Aussage dieser Geschichte ist die menschliche Neigung, Geld, Kraft und oft auch Gesundheit zu vergeuden, um der schmerzlichen Einsicht zu entgehen, dass ein Problem nicht gelöst, sondern nur ertragen werden kann. Der Nachbar ist eine mir unangenehme Person – daran lässt sich nichts ändern, es ist nur möglich, den Aufwand an Energie gering zu halten, den ich auf die Tatsache verwende, dass mein Hausrecht am Gartenzaun endet.

In einem Gebet, das von dem amerikanischen Theologen Reinhold Niebuhr (1892–1971) stammt, ist dieses Prinzip zusammengefasst:

Gott gebe mir die Gelassenheit, Dinge hinzunehmen, die ich nicht ändern kann, den Mut, Dinge zu ändern, die sich ändern lassen, und die Weisheit, das eine vom anderen zu unterscheiden.

Dieses Gebet gehört zum Ritual der Anonymen Alkoholiker. Es würde nicht so oft zitiert werden, wenn es nicht mächtige Gegenkräfte gäbe. Es ist gewiss kein Zufall, dass die Trinker so beten. Angesichts der Sucht wird Rechthaberei zur Droge. Wie in kaum einem anderen Gebiet menschlichen Verhaltens prallen hier die falschen Gewissheiten aufeinander. Die einen wissen genau, dass Trinker nur trocken sind, aber niemals geheilt, die anderen halten das für Unsinn und sind von ihrem Therapieprogramm überzeugt, das aus unkontrollierten Alkoholikern disziplinierte Konsumenten macht. Die einen behaupten, lebenslange Substitution mit Ersatzstoffen sei eine humane und wirkungsvolle Methode, der Opiatabhängigkeit beizukommen, andere reden von staatlich versorgten Methadon-Junkies, die für ihre Kicks Kokain schnupfen und der Drogenabstinenz die Motivation abgraben.

Jeder hat seine Beispiele zur Hand. Klischees über Verantwortungslosigkeit, mangelnde Wissenschaftlichkeit, uneingestandene wirtschaftliche Interessen der jeweiligen

Gegner wurzeln tief: Die Methadon-Ärzte verweisen auf die Verelendung von Junkies, die keine abstinente Therapie durchstehen, die Befürworter der Abstinenz auf den Missbrauch der Ersatzstoffe und die Interessen der medizinisch-pharmazeutischen Industrie im Hintergrund.

Es geht in solchen Diskussionen weder um Wissenschaft noch um eine Verbesserung der praktischen Arbeit, in der schon lange die Süchtigen zwischen unterschiedlichen Behandlungsangeboten wählen können. Es geht um eine narzisstische Dimension, um die Suche nach Gewissheit angesichts unlösbarer Probleme. Es ist gut, Drogenabhängige vor der Selbstzerstörung zu retten. Und es ist gut, wenn ihnen klar wird, dass sie sich zerstören. Ohne Todesangst kehrt kaum ein Junkie um, ein toter Junkie freilich kann auch nicht mehr umkehren.

Manchmal glaube ich, dass sich die Ideologen in Pädagogik, Medizin und Therapie zu weit von der praktischen Arbeit entfernt haben. Denn in dieser erleben wir doch jeden Tag, dass wir mit unlösbaren Problemen leben und sogar etwas wie Gelassenheit oder gar Heiterkeit entwickeln können. Wir suchen einfach von Fall zu Fall die praktikabelste Lösung, wir schlängeln uns durch und glauben nicht, mit Hilfe der Ersatzdroge der Rechthaberei ein irdisches Paradies zu finden.

Frauenmacht

Seit Führung damit zu tun hat, Menschen auf gemeinsame Ziele hin zu orientieren, ihnen zuzuhören und sie richtig einzuschätzen, ist auch klar, dass Frauen solche Anforderungen oft besser erfüllen können als Männer. Manchmal wird in diesem Zusammenhang behauptet, es sei für Männer schwer, mit weiblicher Führung umzugehen, weil sie damit keine Erfahrung haben.

Unsinn! Jeder Mann hat sehr viel Erfahrung mit weiblicher Führung gemacht. Nach wie vor herrscht über Söhne wie Töchter in den meisten Familien als letzte Instanz die Mutter. Sie nährt das Baby (und lässt es manchmal verhungern), sie schützt es vor Übergriffen und Schlägen (oder liefert es ihnen aus). In Kriegs- und Nachkriegszeiten ist das mütterliche Regime oft von keiner väterlichen Autorität getrübt worden.

Das heißt, dass jeder Mensch, sowohl Mann als auch Frau, älteste, bewährte Muster in sich trägt, mit einer mächtigen Frau umzugehen. Was davon dann im Leben eines Erwachsenen übrig bleibt, hängt mit den Abwehrprozessen zusammen, die bereits in der späten Kindheit und Adoleszenz gegen die mütterliche Macht mobilisiert werden.

Nicht das Fremde, sondern das allzu Vertraute ist es, das Männer wie Frauen gegenüber weiblicher Führung so misstrauisch macht. Die Mystifizierung des »schwachen Geschlechts« hängt damit zusammen, dass die Mutter uns allen die Erfahrung beschert, ausgeliefert zu sein, abhängig auf Gedeih und Verderb.

Sigmund Freud hat in »Totem und Tabu« eine phantastische Geschichte vom Ursprung der Kultur erzählt. Zuerst, so behauptet er im Anschluss an eine Theorie von Charles Darwin, monopolisierte ein starkes Männchen alle Frauen der Urhorde und verjagte die Söhne. Irgendwann aber verbündeten sich diese Söhne, erschlugen den Vater und übernahmen seine Macht. In den so entstandenen Leerraum hinein schufen sie die Kultur.

Denn nach dieser Ur- und Gräueltat plagten sie Schuldgefühle. Auch drohte angesichts des Mangels an Autorität ein Machtkampf zwischen den Söhnen auszubrechen. So wurde der Tote mächtiger gemacht, als es der Lebende war, er wurde zum »Totemahnen« erhöht und das Verbot aufgerichtet, sich mit einer der Frauen aus dem eigenen Totem zu verbinden.

In dieser Geschichte, die uns ein Mann erzählt, sind die Frauen passiv – umkämpfte Beute, Opfer, nicht Täterin.

Dazu passt, dass sich bis heute Männer in Machtkämpfen durch Sieg und Niederlage definieren, während sich Frauen eher herauszuhalten scheinen und ihre Freude an der Macht verheimlichen.

Die Macht der Frauen ist allerdings hartnäckiger, sie setzt sich im Unbewussten fest, dringt durch alle Ritzen; es bedarf einer dauernden Abwehrbemühung, sich nicht von ihr bedroht zu fühlen. So liegt der Gedanke nahe, dass hinter manchem Zweifel an weiblicher Führungsfähigkeit, hinter den oft hartnäckigen Versuchen, Frauen zu kontrollieren und ihre öffentlichen Einflussmöglichkeiten zu beschneiden, frühe Ängste vor der Übermacht der Mütter stecken.

Geld

»Geld macht nicht glücklich« ist ein dummer und unrealistischer Satz, nur geeignet, dem Benachteiligten seine Armut zu verzuckern. »Geld allein macht nicht glücklich ist richtiger«, aber noch mehr gilt: »Der Mangel an Geld kann unglücklich machen.« So belehrt uns das Geld über die Konstruktion von Glück. Glück ist ein zyklischer Zustand, kein linearer. Unsere Glücksgefühle kommen und gehen. Wer sie festhalten will, zerquetscht den Augenblick, aus dem das nächste Glück wachsen könnte. Die Menschen sehnen sich nach dauerndem Glück. Dieses Ziel verfolgen sie derart fanatisch, dass sie oft genug in dauerndes Unglück geraten.

In der Küche meiner Zimmerwirtin in Florenz hing an der Wand ein gelb und schwarz bemalter Teller. Darauf stand: »Il denaro non rende felice. Ma calma molto i nervi.« Zu deutsch: »Das Geld macht nicht glücklich. Aber die Nerven beruhigt es sehr.« Indem uns das Geld vor dem Unglück bewahrt, trägt es zu unserem Glück bei. Vor allem zu der Art von Glück in der bescheidenen, chinesischen Definition: »Glück ist die Abwesenheit von Schmerz.«

Das Geld ist, wie Schopenhauer sagte, Glückseligkeit in abstracto: Wer viel davon hat, kann sich viele Möglichkeiten vorstellen, es in die Dinge umzuwandeln, die ihn dann wirklich glücklich machen. Geld wird für ihn der Grundstoff materieller Träume, und Geiz ist nichts anders als die Sucht, immer mehr von diesem Grundstoff anzusammeln und möglichst wenig von ihm an banale Realitäten zu verschwenden. Der konsequent Geizige braucht fast nichts, spart fast alles und hofft darauf, irgendwann das zu finden, was wirklich so viel wert ist, dass er sein Geld dafür ausgeben mag. Meist stirbt er, ehe er es gefunden hat.

Andere mögen glücklich sein, wenn sie ihr Geld in schöne, wohlschmeckende oder schützende Dinge umsetzen können. Der Geizige aber ist glücklich, wenn er möglichst viel Geld behält. Der Geiz reagiert auf unbewusste Ängste, von der Umwelt beraubt und ausgesaugt zu werden. Der Triumph, andere zu übertreffen, indem ich für ganz wenig ganz viel bekomme, beruhigt den Geizigen, weil er sich dann sicherer fühlt. Er hat alles unter Kontrolle, er kann den Versuchen der Umwelt widerstehen, ihm etwas wegzunehmen. Andere träumen von Dingen, die sie erwerben können. So verknüpft sich ihnen Geld und Glück. Der Geizige aber wird durch das Geld, so wie es ist, beglückt. Dagobert Duck schätzt nichts höher als das Goldbad im Geldspeicher.

Geld hat auch eine demütigende Qualität. Es legt den Schleier der Zahl über das grenzenlose Begehren unserer Gefühle. Wo Zahlen sind, sind auch Vergleiche, gibt es Konkurrenz. »Ich tue es nicht für das Geld!«, »Es geht mir nicht um das Geld!« Solche Sätze zeigen, wie sehr wir uns gegen diese Demütigung wehren müssen, dass am Ende unsere Arbeit, unsere Wertvorstellungen, unsere ethischen Grundsätze in Geld aufgewogen werden könnten. Oscar Wilde hat verächtlich von jenen Menschen gesprochen, die von allem nur den Preis, nicht aber den Wert einer Sache kennen.

Aus diesem Grund wehren sich manche Menschen auch dagegen, Geld für etwas zu bekommen, das sie gern tun.

Wer sich quält, soll bezahlt werden, wer aber Spaß an der Arbeit hat, müsste entschädigt sein, ja denen etwas abgeben, die ihm den Spaß ermöglichen. Und umgekehrt: Wenn sich jemand – das für mich nahe liegende Beispiel ist der Psychotherapeut – einem Menschen zuwendet und für seine Zeit bezahlt wird, dann können sein Interesse, seine Herzlichkeit doch nicht echt sein, er verkauft sie schließlich.

Das scheint eine verhängnisvolle Idee. Wie wollen wir ein langes Berufsleben durchstehen, wenn wir uns fürchten, von unserer (Arbeits-)Umwelt beides zusammen zu verlangen: den Spaß und das Geld? Wie steht es um die Lebensqualität am Arbeitsplatz, wenn wir davor zurückschrecken, einen Chef zu kritisieren, der meint, er dürfe uns die Freude an der Arbeit vermiesen, weil er uns schließlich dafür bezahlt?

Wer dem Geld seinen Anteil am menschlichen Glück abspricht, gerät in Gefahr, es durch die beabsichtigte Entmachtung im seelischen Untergrund mächtiger zu machen, als es sein sollte. Vieles, was wir tun, hat auch den Zweck, Geld zu bringen oder einzusparen. Wir finden elegante Kompromisse zwischen Spaß und Sparen, Lust und Verdienst, das gehört in den entwickelten Gesellschaften zur Lebensbewältigung. Weder auf das Geld noch auf den

Spaß zu verzichten, weder arm zu sein noch sich mehr zu verkaufen, als es das Gewissen zulässt – das sind die Aufgaben, vor denen wir stehen. Dass die Armen glücklich und gut sind, die Reichen aber unglücklich und böse, das ist nicht zu erwarten aber auch nicht unmöglich.

Geiz und Raffgier fallen bei einem Reichen stärker auf als bei einem Armen. Aber wir wissen schließlich auch, dass niemand durch Großzügigkeit reich wird oder bleibt. Geld ist in unserer Kultur ein zentrales Symbol für den Austausch mit der Welt. Da den Menschen viele Sinne und Bedürfnisse mit der Welt verbinden und zum Austausch mit ihr bewegen, darf er auch das Geld weder über- noch unterschätzen. Wer nur auf Zahlen schaut und in Zahlen denkt, ist nicht zwangsläufig ein guter Ökonom.

Gerücht

Das Wort »Gerücht« stammt aus dem Mittelniederdeutschen. Sein Wortstamm führt auf ein Verbalabstraktum von »rufen« zurück: »gerüefete«. Zunächst bezeichnete Gerücht tatsächlich das auch rechtlich bedeutungsvolle, öffentliche Geschrei über eine Untat.

Gerüchte, das wissen wir heute, werden in »Gerüchteküchen« gebraut. Die Zutaten sind Missgunst, Fehlinformation, Vorurteil und Wunschdenken, manchmal auch geplante Bosheit. Die Ziele sind jene Sachverhalte und Menschen, bei denen die Möglichkeit besteht, dass das Gerücht wahr sein könnte. Opfer werden dann aber alle, denen am guten Ruf der Ziele etwas liegt – beispielsweise der Ehefrau des Mannes, dem ein heimliches Verhältnis nachgesagt wird.

Die amerikanischen Gerüchteforscher Allport und Postman zeigten 1945 ihren Versuchspersonen ein Bild. Darauf waren ein Schwarzer und ein Weißer, der ein Rasiermesser hielt, in freundschaftlichem Gespräch dargestellt. Die Teilnehmer an dem Gerüchteexperiment sollten in einer Kette mündlicher Überlieferung den Inhalt des Bildes wiedergeben.

Binnen Kurzem wurde aus dem von Mund zu Mund getratschten Bericht eine ganz andere Szene: Ein Schwarzer, der einen Weißen mit einem Rasiermesser bedroht. Die (weißen) Probanden wussten, dass Schwarze gefährlich sind und dass das Rasiermesser ihre typische Waffe sei.

Gerüchte basieren auf Vorurteilen. Sie werden zum niedrigsten gemeinsamen Nenner sozialer Gruppen. Sie werden gern geglaubt, stützen Ressentiments, pflegen den Rassismus, trüben die Orientierung.

Um den Größenwahn orientalischer Despoten zu verdeutlichen, wird ihnen manchmal unterstellt, sie ließen jene köpfen, welche ihnen eine schlechte Nachricht überbringen. Wir im Westen bilden uns ein, über solch primitive Rachsucht erhaben zu sein. Niemals würde es unser Gerechtigkeitsempfinden zulassen, einen Boten für seine Botschaft zu bestrafen.

So glauben wir. Bis wir zum ersten Mal das Opfer eines Gerüchts werden. Was das Gerüchteopfer in hilflose Wut versetzt, ist die Tatsache, dass es in seiner Beschämung allein ist und kein Feind greifbar. Andere Opfer finden schließlich vielleicht einen Täter, den sie bestrafen, wenigstens verfluchen, andererseits auch befragen und verstehen können.

Das Opfer eines Gerüchtes hingegen findet immer nur Boten, die sich – zur Rede gestellt oder gar verklagt – selbst als Opfer aufführen, haben sie doch nichts anderes getan, als zu erzählen, was sie gehört haben. Sie haben sich nichts dabei gedacht. Sie haben es eigentlich auch nicht geglaubt. Aber es hätte doch etwas dran sein können! Erzählt hat es schließlich jemand, der sonst glaubwürdig und keineswegs unkritisch ist. Er hat es im Vertrauen erzählt.

Im alten Rom war »Fama« das Wort für den Ruhm und das Gerücht. Beiden sagt Vergil nach, dass sie im Voranschreiten wachsen. »Klein ist sie (die Fama) bei der ersten

Bewegung, dann erhebt sie sich in die Lüfte empor und schreitet fest auf dem Boden, während sie das Haupt in den Wolken verbirgt.«

Das Opfer eines Gerüchts kann keine Gerechtigkeit finden, sondern nur Trost. Die vergebliche Suche nach Gerechtigkeit verdeutlicht die Anekdote über einen ausnahmsweise ertappten Gerüchte-Urheber, der sich entschuldigen wollte. Das Opfer nahm ein Gefäß voller feiner Daunen und kippte sie aus dem Fenster in den Wind. »Wenn du alle Federn wieder eingesammelt hast, will ich dir verzeihen!«

Der Trost liegt darin, dass Gerüchte negative Komplimente sind.

Wem niemand etwas zutraut, der bleibt von Gerüchten ebenso verschont wie vom Ruhm. Wer sich aber den Ruhm wünscht, muss auf das Gerücht nicht lange warten. Es ist ihm zu raten, es gelassen zu ertragen, es unaufgeregt zu entkräften und darauf zu warten, dass sich die angeblich schuldlosen Boten schließlich doch vor dem Schmutz ekeln, der kleben bleibt, wann und wo auch immer ein Gerücht weitergetratscht wird.

»Hai-Syndrom«

Hochseehaie unterscheiden sich von Fischen durch zwei Merkmale: durch ein leichtes Knorpelskelett und durch das Fehlen einer Schwimmblase. Dieser regulierbare Luftbehälter dient anderen Fischen dazu, im Wasser stehen zu bleiben, ohne zu sinken. Nur Grundfische, wie Schollen, können auf ein solches Organ verzichten. Haie hingegen müssen schwimmen, um nicht unterzugehen. Es muss immer vorwärtsgehen.

Mit dem Begriff des »Hai-Syndroms« suche ich nach einer Metapher für die Unfähigkeit, etwas »gut sein zu lassen«, wie die Redensart sagt. Im Hai-Syndrom äußert sich ängstliche Spannung indirekt. Sie führt dazu, dass ein Zustand verbessert werden soll, der an sich gut ist, um in der Zukunft drohende Gefahren gleichsam vorbeugend zu bekämpfen.

Die Mutter mit dem Hai-Syndrom wischt die tadellos und fehlerfrei mit der Hausaufgabe beschriebene Schiefertafel ab. (Wir bemerken, das Beispiel stammt aus den 50er Jahren, als die ABC-Schützen noch mit Griffel, Schwamm und Schiefer arbeiteten.) Dann sagt sie zu dem weinenden Kind: »Das machst du jetzt zur Übung noch einmal!«

Das Hai-Syndrom hat viel mit dem Zwang zu tun, etwas anderen oder sich selbst zu beweisen. Diese Beweisnot hängt mit dem Perfektionismus zusammen, der dazu dienen soll, Minderwertigkeitskomplexe auszugleichen und traumatische Belastungen der Psyche ungeschehen zu machen.

Das Kind kommt von der Schule nach Hause. »Wie war's denn?« fragt die Mutter. »Wie soll's schon gewesen sein?« gibt das Kind trotzig zurück. »Warum bist du nur so unfreundlich!« sagt die Mutter. »Es interessiert mich eben, vielleicht kann ich helfen.« »Warum lässt du mich nicht in Ruhe!«

Untersuchen wir den Hintergrund dieser Szene, entdecken wir vielleicht eine Mutter, die dadurch verunsichert ist, dass ihre Kontrolle über das Leben des Kindes schwindet und sie nicht mehr die wichtigste Person in dessen Leben ist. Dieser Bedeutungsverlust weckt bei der Mutter Ängste. Vielleicht entgleitet ihr das Kind? Dagegen will sie etwas unternehmen. Sie stellt die Kontrollfrage, weil sie ihrem Kind etwas Gutes tun will, aber keine Ruhe hat wahrzunehmen, dass es dem Kind gut geht.

Das Kind dagegen findet nicht, dass die Mutter ihm etwas Gutes tut. Es fühlt sich beansprucht, als beginne die Hausaufgabe schon jetzt. Es ist mit einem Prozess beschäftigt, in dem die Werte und Wünsche der Mutter es nur verwirren.

Warum lässt sie mich nicht, denkt das Kind, warum

stört sie mich, ich muss doch erst selbst begreifen, was in der Klasse läuft. Für mich geht es darum, mich gegenüber den anderen Schülern und Lehrern zu positionieren, deren Verhalten einzuschätzen, mir zu überlegen, was ich da machen soll und was nicht. Davon hat sie doch keine Ahnung, und ich habe keine Lust, es ihr zu erzählen, ich kenne ihre Ratschläge in- und auswendig.

So lässt sich diese Mutter mit der Person vergleichen, die dem Maler über die Schulter schaut und ihn fragt, was er da macht. Picasso hat gegen solche Zudringlichkeit die Plakette aus dem Bus zitiert: »Es ist verboten, während der Fahrt mit dem Chauffeur zu sprechen!«

Eine von Depressionen und Ängsten belastete Frau hat mir einmal erzählt, wie sie sich als Kind jeden Tag davor fürchtete und schämte, aus der Schule nach Hause zu kommen. Sie hatte bemerkt, dass die Mutter es nicht vertragen konnte, wenn sie das tat, was sie am liebsten getan hätte: für sich zu behalten, was im Unterricht und in den Pausen geschehen war. So hatte sie sich daran gewöhnt, der Mutter Lügenmärchen aufzutischen, in denen sie sich so darstellte, wie sie glaubte, dass die Mutter es wünschte.

Die Mutter kann sich nicht freuen, dass ihr Kind es alleine schafft. Sie kann keine Ruhe geben. Sie möchte etwas verbessern, ein Problem erkennen und lösen, schließlich interessiert sie sich für ihr Kind. Aber wenn sie nicht warten kann, bis das Kind sie braucht, sondern Druck macht, um sich zu vergewissern, geht es ihr mehr um Selbstbestätigung. Sie gleicht dem Feuerwehrmann, der Brände legt, um als Erster beim Löschen zu helfen.

Die zentrale Qualität jedes Dienstleisters in Sicherheitsfragen ist es, mit gutem Gewissen und entspannt nichts zu tun, sei es als Arzt, als Psychotherapeut, als Erzieher, als Polizist oder Leibwächter. Untätig zu bleiben, wenn etwas nicht verbessert, sondern durch die Intervention nur beunruhigt oder verschlechtert werden kann, setzt eine hohe Souveränität voraus, die Unabhängigkeit des Selbstwertgefühls von dauerndem Nachschub an Bestätigungen.

Die vom Hai-Syndrom geplagte Mutter hat viele Energien frei, die sie nicht sinnvoll einsetzen kann und daher verwendet, um Aufmerksamkeit für Probleme zu erregen, die sie selbst inszeniert. Sehr treffend charakterisiert das der Witz von den zwei Krawatten, welche die Mutter dem Sohn geschenkt hat. Am nächsten Tag trägt er die eine. Die Mutter sieht es und sagt mit tränenerstickter Stimme: »Du liebst mich nicht, die andere Krawatte gefällt dir nicht!«

Helfer-Syndrom

Pelikane gibt es wirklich, Vampire nicht. Aber ich spreche hier von beiden nicht als Zoologe, sondern als Psychoanalytiker auf der Suche nach Vergleichen, welche menschliches Verhalten in ein Bild fassen und dadurch Alltagssituationen einen überraschenden Aspekt abgewinnen. In einer Therapieform, die so sehr Sprache ist und auf Sprache beruht wie die analytische, sind solche Gleichnisse etwas wie die Rosinen im Kuchen oder das Salz in der Suppe: keineswegs die ganze Arbeit, aber doch etwas wie ihre Würze.

Am Pelikan interessiert mich hier ein Merkmal, das in den Fabelbüchern der Antike überliefert ist und in christlichen Legenden aufgegriffen wurde, um einen Vergleich mit der Erlösung durch das Blut Christi zu bilden. Der Pelikan, so heißt es in dieser Fabel, nährt seine hungrigen Kinder mit dem eigenen Blut. Er hackt sich mit dem Schnabel in die Brust und lässt seine Brut das herabfließende Blut trinken. In barockem Zierrat, etwa in dem sogenannten »Kommuniongitter«, an dem die Gläubigen niederknieten, um die geweihte Hostie entgegenzunehmen, findet sich häufig dieses Motiv: der Pelikan, der sich in die Brust gehackt hat, und die hungrigen Kleinen, die sein Blut trinken.

Der Pelikan verletzt sich selbst, um anderen Gutes zu tun. Aber wie gut ist es wirklich? Wäre den Kindern nicht mehr damit gedient, er würde sie heute hungern lassen und morgen mit nicht zerhackter Brust wieder Fische fangen, die ihn und sie ernähren? Am Ende stirbt der Pelikan am Blutverlust, die Jungen kurz nach ihm. Und das soll ein Ideal liebender Fürsorge sein?

Dieser Pelikan ist eine Metapher für das Helfer-Syndrom. Dieses ist ein anschaulicher, wenn auch etwas medizinlastiger Begriff für Menschen, die anderen helfen, ohne auf eigene Bedürfnisse und Grenzen zu achten – und das permanent.

Weil der Pelikan nichts anderes will, kann und denkt, als die Helferrolle einzunehmen und in ihr zu verharren, benötigt er schließlich selbst Hilfe. Oder er übersieht die Bedürfnisse seiner Schützlinge nach Autonomie, wie eine Mutter, die ihr sattes Baby mit der Sonde füttert, weil sie es nicht erträgt, dass ihre Angebote abgewiesen werden.

Der Pelikan steht also für einen Militarismus nach innen. Wie der Soldat fremdes Blut vergießen und sonst gültige Gesetze zum Schutz menschlichen Lebens ignorieren muss, um ein höheres Ziel zu erreichen, so verzehrt sich der Pelikan im Dienst anderer und weiß besser, was für diese gut ist, als sie es selbst wissen dürfen.

Wenn uns ein anderer mit gezückter Waffe erpresst, ist

es schwer, sich zu wehren, aber leicht, das Unrecht des Täters zu erkennen. Angesichts der Erpressung durch einen Pelikan verhält es sich umgekehrt. Wenn uns jemand durch seine Selbstaufopferung nötigt, ist es scheinbar leicht, sich zu wehren. Ein missachteter Pelikan blutet still vor sich hin. Aber es ist für mitfühlende und aufmerksame Menschen doch schwer, ein solches Opfer ohne Schuldgefühle zurückzuweisen.

Auf das verborgene Machtstreben hinter der Grenzüberschreitung des Pelikans weist eine andere Gestalt der Legende hin: der Vampir. Tagsüber ruht er in seinem Versteck, meist in einer Gruft oder einem Grab. In Fledermausgestalt fliegt er nachts umher und nährt sich vom Blut seiner Opfer. Er ist böse, rücksichtslos, egoistisch, verfügt über hypnotische Fähigkeiten, ist unsterblich, unverwundbar durch Stahl oder Blei und übermenschlich stark. Er fürchtet nur Knoblauch, einen Holzpflock ins Herz, das Kreuz, silberne Geschosse und das Sonnenlicht. Außerdem hat er keinen Schatten und kein Spiegelbild (was das gepflegte Aussehen der Vampire in den Fantasy-Filmen rätselhaft erscheinen lässt).

Wer also tags als Pelikan die Hungrigen mit dem eigenen Blut ernährt, sucht nachts als Vampir seinen Bluthunger zu stillen. Wem dieses Bild zu drastisch ist, der muss nur einmal miterleben, wie die bescheidene Frau, die sich zehn Jahre lang für Mann und Kinder aufgeopfert und alle eigenen Interessen zurückgestellt hat, zum Vampir mutiert, wenn sie fürchten muss, dass ihr die Kontrolle über »ihre« Familie entgleitet.

Fazit: Wir sollten uns möglichst nie daran beteiligen, wenn andere ihre Grenzen missachten, auch wenn wir daraus einen Vorteil ziehen. Wir sollten unsere eigenen Grenzen achten, auch wenn wir dadurch auf ein Stück Heiligenschein verzichten müssen. Denn wer den Parasiten an sich saugen lässt, hat oft am Ende keine andere Wahl, als selbst zum Parasiten zu werden.

Integration

Auf den ersten Blick wirkt das Fremde oft nah – als sei es nur einen Schritt weit entfernt, einen mühevollen Schritt – zugegeben – aber doch nur einen Schritt. Und wenn wir diesen Schritt getan haben, erkennen wir, wie fremd es wirklich ist und wie viel uns doch zur Verständigung fehlt.

Als junger Mann lebte ich für eine Weile in der Toskana und glaubte, wenn ich erst einmal italienisch spräche, wäre ich ganz wie meine Nachbarn. Es waren sehr gastfreundliche Menschen, offen und herzlich, ich litt sehr unter dem Suchen nach verständlichen Worten und meinem anfänglichen Gestammel.

Nach einer Weile lernte ich den toskanischen Dialekt.

Aber je besser ich mit den Menschen reden konnte, desto klarer wurde mir, dass sie in einer anderen Welt lebten als ich. Meine urwüchsig wirkenden Nachbarn waren selbst Fremde hier, Süditaliener, die es aus ihren noch armseligeren Dörfern in die Toskana verschlagen hatte. Dort standen viele Häuser leer, weil sich die Gartenlandwirtschaft der winzigen Gehöfte nicht mehr lohnte. Die eingesessenen Toskaner verachteten die »marocchini« (Marokkaner), wie sie die Leute aus dem Süden nannten. Diese wiederum sagten, es müsse mehr Italiener geben und weniger Toskaner. Ich aber hatte, statt in vino e amore aufzugehen, einen Konflikt am Hals, der mich an eine verschärfte Variante des Kampfes der Bayern gegen die »Saupreußen« erinnerte, den ich als Dorfjunge miterlebte.

Solche Erfahrungen bereiten darauf vor, der Auseinandersetzung mit einer fremden Kultur entgegenzugehen wie einem Berg. Auch dieser hat, solange wir noch weit entfernt sind, eine klare Kontur. Aber wenn wir es nicht bei solchen Blicken in die Ferne belassen, wird der Berg unübersichtlicher, je näher wir ihm kommen. Der Gipfel verschwindet vollständig hinter einzelnen Vorbergen und Tälern, das erträumte Ganze ist verloren, ohne dass wir den ersehnten Gipfel erreicht haben. Vielleicht geraten wir auch noch in Nebel, Regen oder Schneetreiben und verlieren völlig die Orientierung.

Das Jugendamt soll einer türkischen Familie helfen. Es gibt heftige Konflikte mit den Kindern, teuere Heimaufnahmen sollen vermieden werden, die Mutter kann sich nicht durchsetzen. Der Beamte ist stolz auf seinen Einfall, eine türkische Sozialpädagogin und Familientherapeutin zu gewinnen. Jetzt hat er das Problem der interkulturellen Kommunikation gelöst, die Familienhilfe muss klappen. Von wegen! Die Helferin und die türkische Familie können zwar miteinander sprechen, aber es gelingt ihnen nicht, sich zu verständigen. Die Mutter ist blitzschnell überzeugt, dass ihr Mann der Besucherin schöne Augen macht und diese ihn verführen will. Die Familientherapie, welche die Familie beruhigen sollte, bringt diese in höchste Aufregung.

Fremd zu sein umgibt uns mit einer schützenden Hülle, ermöglicht es, Abstand zu halten, Annäherungswünsche aber auch Aggressionen zu zügeln. Wer eintauchen will in das Fremde, sich nicht mehr von ihm unterscheiden will, wer wie Karl May unter Indianern der bessere Indianer, unter Ara-

bern der bessere Araber zu sein behauptet, verliert diese Schutzhülle und wird womöglich als Dieb erlebt, der in mehreren Kulturen zu Hause sein möchte, wo sich andere mit nur einer zufriedengeben müssen.

Konfliktpotential

Neulich wurde in München ein 41-jähriger Koch zu einer Haftstrafe von acht Jahren verurteilt, weil er mit einem Messer auf seine Frau losgegangen war und sie verletzt hatte. In den Berichten verweilte die Presse genüsslich bei dem scheinbar banalen Anlass. Der Fernseher war kaputt gegangen. Der Koch attackierte seine Frau, weil sie versäumt hatte, ihn reparieren zu lassen.

Eine Paartherapie beginnt oft damit, dass sich die Partner nicht mehr an den Anlass für den letzten Streit erinnern. »Am Wochenende haben wir uns fürchterlich gestritten. Warum? Worüber? Irgendeine Kleinigkeit, schon vergessen, weißt du es noch?«

Seit Zahnpastatuben nicht mehr aus Blech, sondern aus Kunststoff hergestellt werden, fehlt auch der Konflikt zwischen Menschen, die die Tube von hinten aufrollen und denen, die die Tube in der Mitte eindellen. Aber es gibt genügend andere Kleinigkeiten, die in Beziehungskämpfen keine Kleinigkeiten bleiben dürfen, wie der Schneeball, der die Lawine auslöst.

Ich muss oft an den Ausspruch einer Frau denken, deren Eltern das KZ überlebt hatten: »Bei uns zu Hause gab es keine kleinen Probleme. Es gab nur Katastrophen!«

Die Kleinigkeit, welche die Wutlawine in einer Beziehung auslöst, steht für das große Dilemma jeder Partnerschaft. Sie beginnt in der Verliebtheit mit dem Glauben, dass Mann und Frau sich verstehen, eine gemeinsame Sprache entweder sprechen oder – Steigerung der Seligkeit – nicht einmal benötigen, weil sie auch ohne Worte harmonieren.

Eine Sprache haben, das heißt auch, dass wir uns einig darüber sind, was wir als Kleinigkeiten definieren, was als wichtige Probleme. Wenn diese Einigkeit zerfällt, werden ein nicht funktionierender Fernseher oder eine nicht korrekt ausgedrückte Zahnpastatube ein Zeichen dafür, dass mich der Partner nicht versteht, nicht wahrnimmt, nicht respektiert, nicht liebt.

Die Phantasie, nicht (mehr) geliebt zu sein, weckt in vielen sonst vernünftigen und umgänglichen Personen panische Angst. Sie beginnen zu hassen und zu hetzen, sie drohen mit Gewalt und setzen diese Drohungen manchmal auch um. Es hilft wenig, in einer solchen Situation zu erklären, dass die Kleinigkeit den Wutausbruch nicht rechtfertigt. Dadurch wird die Wut noch gesteigert, denn neben dem Leid, sich ungeliebt und abgelehnt zu fühlen, wächst die Kränkung. Da hält der Mensch, der mir Liebe versprochen hat, mich doch jetzt tatsächlich für zu dumm, Wichtiges von Unwichtigem zu unterscheiden!

In der modernen Gesellschaft probieren Individuen oft mit besonderer Leidenschaft gerade jene Liebesverhältnisse, von denen ihnen ihre Eltern und Großeltern abraten würden. Daher ist eine gemeinsame Sprache nicht leicht zu finden. Wir müssen zu den Hinter- und Abgründen des Partners jene Mischung aus Neugier und Toleranz für eigene Unwissenheit entwickeln, die den anthropologischen Forscher auszeichnen, der eine fremde Kultur verstehen will.

Dann stellt sich zum Beispiel heraus, dass für einen türkischen Mann das Kopftuch nicht die Kleinigkeit ist, welche seine deutsche Freundin bisher darin gesehen hat. Und während wir für solche Problemfälle durch intensive öffentliche Diskussionen vorbereitet sind, wissen wir keineswegs, ob wir nicht in zahllosen anderen Fällen bereits Fehler gemacht haben, deren Kränkungspotential durchaus dem Vorwurf entspricht, der Nachbar jüdischen Glaubens sei ein Spielverderber, weil er nicht von unserem Schweinebraten essen mag.

Unwissenheit einzugestehen, forschend zu fragen, eigene Werturteile aufzuschieben und (für uns) »normales« Verhalten nicht zu erzwingen, das erfordert ein gesundes Selbstbewusstsein, das auch einmal auf schnelle Erfolgserlebnisse verzichten kann. Genau dieses Selbstbewusstsein finden wir in unseren Liebesbeziehungen umso weniger bestätigt, je mehr wir von ihnen die umfassende Harmonie erwarten und die kleine Ignoranz des Partners zur großen Lieblosigkeit aufblähen, welche jede eigene Lieblosigkeit rechtfertigt.

Das gute Gewissen, welches Partner oft zu empfinden scheinen, wenn sie ihre Kreuzzüge gegen Kleinigkeiten führen (»du weißt doch genau, dass ich das nicht ertragen kann, und dennoch …«), hängt mit der selbstsüchtigen Vorstellung zusammen, dass hohe Ziele niedrige Mittel rechtfertigen. Es geht mir ja nur um unsere Liebe, unsere Harmonie, die ungestört sein wird, wenn du endlich diesen winzigen Fehler abgelegt hast. Das kostet dich doch keine Mühe, während ich extrem zu leiden entschlossen bin, wenn du an ihm festhältst. Halte also bitte still, wenn ich mit dem glühenden Eisen komme, um den Makel auszubrennen!

Hier ist die Entscheidung gegen den Forscher und zu Gunsten des Missionars gefallen. Und dieser Missionar ist in der Tradition heiliger Kriege überzeugt, für den Ketzer sei der Scheiterhaufen gesünder als sein Beharren im Irrtum.

Konsum

Die Botschaft der Ökologen, dass wir in den Industrieländern seit vielen Jahren mehr verbrauchen als nachwächst, hat in den Medien nicht viel Platz. Sie würde uns die Kauflust verderben. Aber ist diese nicht schon verdorben? Jedenfalls wird viel über die geschwundene Konsumstimmung geklagt. Eine Neigung zum Null-Wachstum im Inland-Konsum scheint sich zu festigen. Unsere Emotionen, die den Konsum vorantreiben oder bremsen, haben eine Art Gleichgewicht erreicht. Während zu Wachstumszeiten die Euphorie überwog und die Liebe zu den neuen, besseren und schöneren Dingen ihren Erwerb reizvoll machte, wird in den letzten Jahren diese Liebe mehr und mehr durch Hass aufgewogen.

Schon lange bewegten sich viele Produkte in den konsumintensiven Bereichen auf einem schmalen Grat. Um neue Mode zu verkaufen, muss ich einen primitiven seelischen Mechanismus wecken, der im Alltagsleben unerwünscht ist und einen hohen Preis kostet: das Kippen von der Idealisierung zur Entwertung. Um das neue Handy, die neuen Sportschuhe, die neue Handtasche glühend zu begehren, muss ich die in meinem Besitz befindlichen »alten« Geräte verachten lernen – was nicht ganz leicht ist, denn ich habe sie vor Kurzem noch geliebt und bewundert.

Wie der Höllenwächter Zerberus muss der geschickte Markenverkäufer drei Köpfe und drei Botschaften haben. Die erste: »Alle meine Produkte sind wunderbar und von höchster Qualität!« Die zweite: »Wie kannst du immer noch mit dem Schrott von gestern zufrieden sein?« Die dritte: »Sieh mal, was ich Neues für dich habe!«

Kann das gut gehen? Kann der Kunde immer wieder glauben, dass er gut versorgt wird, wenn das vor einem Jahr noch hochgelobte Ding jetzt veraltet ist?

Sicher kann sich ein Mensch öfter verlieben. Aber es ist doch etwas anderes, ob ich mich das erste oder das zehnte Mal verliebe. Ich habe dann zehnmal die Erfahrung gemacht, dass wertlos wurde, was vorher über alle Massen schätzenswert erschien. Das macht vorsichtig und nachdenklich.

Und wie enttäuschte Liebende sich sehr häufig nicht in eine neue Person verlieben, sondern eine frühere Beziehung zum »plötzlich« aufgetauchten Schul- oder Studienfreund neu beleben, so gibt es in der Konsumwelt längst einen großen Bereich der Nostalgie, des Wunsches nach den guten alten Dingen, übersichtlich, mit Ersatzteilen ausgerüstet, keiner Mode unterworfen.

Wenn irgendwann, durch einen kleinen Anlass (wie eine Rezession, eine drohende Einschränkung der Altersversorgung) das prekäre Gleichgewicht zwischen der Liebe zum neuesten Produkt und dem Hass auf das vorletzte kippt, haben die Konsumenten Möglichkeiten, die Reihe der Dinge rückwärtszugehen. Das neue Notebook ist kaputt – bevor ich das allerneueste kaufe, entdecke ich doch, dass das alte, das ich beiseitegestellt habe, immer noch gut funktioniert. Ein Freund hat sich eben entschlossen, keine elektronische Kamera zu kaufen, sondern es mit dem alten mechanischen Apparat seines Vaters wieder mit Schwarzweiß-Fotografie zu probieren.

Klamotten! Da hat doch jeder mehr, als er braucht. Die Spülmaschine ist kaputt, lassen wir sie weg, spülen wieder mit der Hand, die Kinder sind aus dem Haus. Das neue Fahrrad ist geklaut – ach, das alte fährt auch noch gut.

Die Dinge werden überbewertet. Die Konzentration des Marketings auf die Jugend, die einen Reiz darin findet, zwischen 200 Klingeltönen für ihr Handy zu wählen, setzt voraus, dass diese Jugendlichen Eltern haben, die sich Verschwendung leisten können. Beide Mechanismen zusammen führen mehr und mehr dazu, dass Neuerungen nicht mehr angenommen werden. Designer überschätzten die Neigung des Menschen, technische Neuerungen zu bezahlen, Marketing-Experten unterschätzten die Wut, die sich in Konsumenten ansammelt, wenn diese den Eindruck gewinnen, sie würden angelogen und ausgebeutet werden.

Es ist ärgerlich zu erfahren, dass »meine« Kosmetikfirma das teuere Pflegemittel mit den angeblich höchst wertvollen Aufbauproteinen zur Faltenglättung für geringe Centbeträge produziert, während der Hauptaufwand, für den ich bezahle, darin liegt, mir die Illusion zu geben, ich würde ein Wundermittel auf meiner Haut verteilen. Muss ich mich an der Nase herumführen lassen und Parfums kaufen, bei denen die Verpackung mehr kostet als der Inhalt? Soll ich mich freuen, wenn der neue Drucker fast geschenkt ist, weil ich für winzige Plastikförmchen mit Tinte mehr zahlen soll als der Junkie für sein Heroin?

Menschen abhängig zu machen und Notlagen auszunutzen, ist nicht mehr allein das Gesetz des Handelns von Zuhältern, Dealern oder Bußpredigern, die uns jene Sünden aufschwatzen, welche wir nachher bei ihnen beichten dürfen. Es ist der Trick der Konsumwelt schlechthin. Überall werden uns Geschenke gemacht, die wir dann teuer bezahlen müs-

sen, mit dem Abonnement einer Zeitschrift oder mit der Verpflichtung, mit einem Handy jeden Monat zu telefonieren. Aber wir können jederzeit etwas dagegen tun.

Konzentration

Cowboys, die das Vieh entlegener Weiden zur Ranch treiben, wilde Tiere, die sich in der Trockenzeit um ein Wasserloch sammeln, Sonnenlicht, dessen Strahlen durch eine Linse gebündelt ein Feuer entfachen – wer sich konzentriert, verdichtet seine geistigen Funktionen. Sich zerstreuen, sich ablenken stehen für die Gegenbewegung. Der zerstreute Professor ist oft ein konzentrierter Professor, seine Aufmerksamkeit richtet sich auf ein intellektuelles Problem, daher unterlässt er es, die Hose zuzuknöpfen.

Die Fähigkeit zur höchsten Konzentration ist ein Mythos aller Kampfkünste. Solange es keine Rechner gab, die mehr als tausendmal schneller sind als der schnellste Mensch, war der Bogenschütze, der Schwertkämpfer überlegen, der sich am besten konzentrieren konnte. Nicht die ungeordnete, die geordnete Kraft entscheidet über Sieg oder Niederlage. Da es durch Konzentration oft gelingt, über Widerstände zu triumphieren, Schmerz zu ignorieren, das Unmögliche möglich zu machen, wird sie auch überschätzt und mystifiziert, dann soll ihr nichts mehr unmöglich sein.

Diese Absätze habe ich konzentriert schreiben können. Plötzlich spüre ich, dass ich unbequem sitze, dass der Rücken verspannt ist, mir fällt nichts mehr ein, ich mag nicht mehr. Die Cowboy-Metapher trifft es besser als die von der optischen Linse: Während die Linse das Licht mühelos konzentriert, solange die Sonne scheint, kann die Viehherde nicht lange auf engem Raum bleiben, sonst wird das Land überweidet und unfruchtbar. Sie muss sich zerstreuen, ehe die Graswurzeln beschädigt sind und damit die Regeneration der Weide gefährdet.

Das spricht dafür, dass Konzentration und Zerstreuung wie Ein- und Ausatmen in ein ausgewogenes Verhältnis treten sollen. Konzentration ist Skulptur, sie entsteht nicht durch Sammeln, sondern durch Wegnehmen, Weglassen aller Ablenkungen, bis allein die beabsichtigten Funktionen bleiben. Sie erinnert an einen künstlerischen Modus, der meist mit Michelangelo verknüpft wird, dessen Wurzeln aber in die antike Rhetorik zurückreichen: Die Schönheit entsteht, wenn ich alles Hässliche wegnehme oder weglasse.

Wer kleine Kinder beobachtet, entdeckt dasselbe Geheimnis: Gerichtete Bewegungen entstehen nicht dadurch,

dass sie etwas machen, sondern dadurch, dass sie alles unterlassen, was die Richtung stört. Ein klar artikuliertes Wort erhebt sich aus den unverständlichen Lauten kindlichen Brummens, Plapperns, Prustens wie Michelangelos Statue aus den Splittern, die er vom Marmorblock schlägt, um ihre Form zu befreien.

Kränkung

Eine Kränkung verwandelte Michael Kohlhaas von einem braven Pferdehändler zum Räuber und Mörder. Heinrich von Kleist hat diese Geschichte erzählt, die aus Chroniken der Reformationszeit stammt. Dem Mann war Unrecht geschehen, ein Adeliger hatte die ihm überlassenen Pferde ruiniert und Schadensersatz verweigert, die Gerichte entschieden parteiisch. So nahm der gekränkte Pferdehändler sein Recht in die eigene Faust und wurde zum Mörder, der ganze Städte belagerte. Als ihm aber schließlich Martin Luther ins Gewissen redete, stellte sich Michael Kohlhaas dem Gericht und wurde geköpft. Das Gericht verurteilte auch den Adeligen, zuvor dem Händler zwei dick gefütterte Rappen zurückzugeben.

Kleist liefert dem Narzissmusforscher ein glänzend beschriebenes Beispiel für einen Mann, der eine Kränkung nicht verarbeiten kann, wenn die Gegenseite ihn herausfordert. Solche Menschen funktionieren in »normalen« Situationen gut, sind einfühlend und liebevoll, sehr korrekt, ein scheinbar tadelloser Charakter. Aber wenn sie auf jemanden treffen, der sie nicht respektiert, verwandeln sie sich.

Sie opfern ihre egoistischen den narzisstischen Interessen. Sie steigern den Konflikt, statt ihn zu mildern. Sie lassen den Streit eskalieren und können das mäßigende Gesetz des Talion (»Auge um Auge, Zahn um Zahn«) nicht beachten. Dieses gilt manchmal als primitiv, soll aber die narzisstische Wut zügeln, welche für den ausgeschlagenen Zahn einen abgeschlagenen Kopf fordert.

Kreativität

Wenn für die Veränderung eines Menschen eine Neuerung notwendig ist, wäre es die Aufgabe des Therapeuten, sich etwas Neues einfallen zu lassen. Dem steht die menschliche Neigung entgegen, auf Unsicherheit mit Routine zu reagieren, um die Situation, wenn nicht schon real, dann doch wenigstens in der Phantasie zu kontrollieren. Therapieausbildungen neigen daher zu Rezeptierungen, die eindeutige Richtlinien gerade dort vorgeben, wo die Beobachtung sie nicht rechtfertigt, wohl aber die Angst nach ihnen schreit. Dann entstehen paradoxe Situationen wie die Empfehlung, keine Empfehlung auszusprechen, der Ratschlag, unbedingt auf Ratschläge zu verzichten, der hohe Wert des wertfreien Blicks.

Chaos erzwingt beim Gegenüber Disziplin; Disziplin aber engt ein und verführt dazu, sich immer nur zu bestätigen, was man erwartet: Da könnte jeder kommen! Das haben wir noch nie gemacht! Das entspricht nicht den Vorschriften! Haben Sie das Schild nicht gelesen? Nach den allgemein anerkannten Regeln der Heilkunst! Gegenüber dem negativen Einfallsreichtum des Kranken neigt der Therapeut zu engstirnigem Zwang, während ihn die Zwanghaftigkeit des unter Über-Ich-Lasten erstarrten Depressiven einschüchtert, sich seinen Einfällen hinzugeben – fürchtet er doch zu hören, das Neue an seinen Gedanken tauge nichts, das Taugliche sei längst bekannt und habe doch nicht geholfen.

Vom Maler, dem die Leinwand fehlt oder die Farbe, würde niemand erwarten, dass er durch seine Kreativität diesen Mangel ausgleicht. Therapeuten aber arbeiten im Unsichtbaren und lassen sich zu solchen Ansprüchen an die eigenen Fähigkeiten hinreißen.

Wie der Maler mit seinem Auftraggeber über die fehlenden Teile seiner Ausrüstung verhandeln muss, um sein Werk zu beginnen oder diesen von der Undurchführbarkeit seiner Pläne zu überzeugen, so kann auch der Therapeut nur durch stete Verhandlungsbereitschaft ungünstige Bedingungen verändern. Er kann es nicht allein, er braucht Material, um seine Kunst zu entfalten. Wird ihm das verweigert, ist es klüger, die Sache zu lassen.

Lampenfieber

Die Spannung vor dem Auftritt, dem Examen, dem Bewerbungsgespräch oder der Rede ist mit diesem Begriff besser beschrieben als mit dem wissenschaftlichen der Versagensangst. Sie hängt damit zusammen, dass Menschen, die in die Öffentlichkeit gehen, in der Regel begabt und phantasievoll sind. So können sie nicht umhin, sich alle erdenklichen Gefahren vorzustellen und leiden darunter, dass sie gar nichts tun können, um sich ihrer Leistungsfähigkeit zu vergewissern.

Der Schauspieler imaginiert jedes Detail der Rolle; er kann sich seines Könnens dennoch nicht mit einem Schlag sicher werden und beginnt zu schwitzen, weil er glaubt, ihm falle kein Wort mehr ein. Dieser Erregungszustand gleicht dem Fieber insofern, als er auf körperliche und geistige Höchstleistungen vorbereitet. Mit jedem Fortschreiten der Bewältigung des Auftritts schwindet die Angst, die Erregung wandelt sich in ein Hochgefühl.

Langeweile

Seit es für Kinder normal ist, sich den Kopf mit immer schnelleren Folgen aufreizender Bilder füllen zu lassen, freut sich der Erzieher, wenn ein Kind so viel Disziplin aufbringt, dass es einen Abenteuerroman liest. So bescheiden sind wir geworden, dass Harry Potter allein deshalb als Zauberkünstler gilt, weil er die Kinder wieder zum Lesen brachte.

Die Älteren unter uns erinnern sich daran, wie früher gegen solche Lektüre ähnlich polemisiert wurde wie heute gegen extrem langes Fernsehen. Jüngst hat mir ein 41-Jähriger erzählt, wie er als Jugendlicher auf einer Berghütte in den dort vorrätigen Karl-May-Romanen versank und von seinem Vater – einem evangelischen Pastor, gerügt und der »Schundromane« beraubt wurde.

Die technische Neuerung der blitzschnellen Programm-

Abwahl erzeugt eine Welt, in der die Überzeugung grassiert, man könne abwählen, was lästig ist. Eine unerwünschte Realität wird augenblicklich und folgenlos durch eine andere ersetzt, die sich – hoffentlich! – besser in unsere Bedürfnisse fügt. In unserem Umgang mit Beziehungen – »Ich habe Schluss gemacht«, mit der Arbeit – »In diesem Job werde ich nicht alt!« und mit Dingen – »Ich kann diese Farbe nicht mehr sehen«, heißt es: »Ex und hopp!«

Das Versprechen des Zapping lautet: Du wirst dich nie mehr langweilen! Aber die Realität sieht anders aus, denn wer sich auf dieses Versprechen verlässt, kann in eine Welt geraten, in der er sich immer mehr langweilen muss und immer weniger Chancen sieht, diesem Gefühl zu entkommen.

Experten gehen heute von einem durchschnittlichen Verhältnis von 11.000 Schul- zu 15.000 Fernsehstunden aus. Zeit, die unsere Großeltern mit körperlicher Arbeit verbrachten, füllen unsere Kinder damit, unerwünschte Bilder wegzuzappen. Der in vergeblicher Hoffnung, auf dem nächsten Kanal etwas Besseres zu finden, in sinnlose Fragmente zerstückelte Abend ist ein Symbol eines modernen Lebensgefühls.

Die Konsumgesellschaft gleicht dem verblendeten Fürsten, von dem Macchiavelli spricht:

Ein törichter Herrscher gibt zu Beginn seiner Herrschaft, um seine Untertanen an sich zu binden, diesen alles, was er hat. Wie Menschen beschaffen sind, werden die Untertanen im nächsten Jahr wiederkommen und weitere Gaben wünschen. Da der Fürst aber nichts mehr hat, kann er ihnen nichts geben, sie werden ihn verwünschen und als schlechten, geizigen Herrn der Nachwelt überliefern.

Der weise Fürst nimmt zu Beginn seiner Herrschaft seinen Untertanen erst einmal alles weg. Dadurch hat er viel, was er ihnen später, ganz nach Maßgabe ihrer Verdienste, zurückgeben kann. So werden sie ihn als gütigen und gnädigen Herrscher in ihrer Erinnerung bewahren.

Auch die Konsumgesellschaft scheint ihren Kindern alles zu geben, was zu haben ist, sobald sie nur eine Fernsteuerung bedienen können. Die frühe Verwöhnung mit spannenden Bildern und vielen Menschen führt dazu, dass diese Kinder sich später, wenn sie den Unterschied zwischen Bild und Wirklichkeit begreifen, schrecklich langweilen und unglücklich sind, weil sie keine Steigerung von dem bekommen, was sie als Versprechen erlebt haben.

Neulich sprach ich mit einer 16-Jährigen, die in einem luxuriösen Haushalt aufwächst, sich mit ihrer Mutter ein Reitpferd teilt und nach einem Schulwechsel (die alte Schule war doof) in dem neuen Gymnasium noch mehr verzweifelt. Sie klagte, ihr sei schrecklich langweilig, seit sich ihre beste Freundin mit einem zehn Jahre älteren Mann zusammengetan habe. Sie fand beide blöd, sie fand die Lehrer blöd, sie fühlte sich von unerträglichem Frust umgeben, den sie noch jahrelang aushalten sollte.

Auf einer Tagung kam ich mit einem Nervenarzt ins Gespräch, der die Aufnahmestation in einem niederbayerischen Bezirkskrankenhaus leitet. Er erzählte mir, dass in diesem Jahr die Zahl der bis zum Koma betrunkenen Mädchen die Zahl der Jungen in dem gleichen Zustand übertroffen hat. Zwei bis drei Promille sind keine Seltenheit. Die Ursache? »Langeweile«, sagte er. »Es passiert zu wenig Aufregendes.« So gehen die Teenager aus der Schulstunde in den Supermarkt und besorgen sich den billigsten hochprozentigen Alkohol.

Unsere Zeit ist »schnellsterbig«, nicht schnelllebig. Das klingt unfreundlicher, trifft es aber genauer. Es geht um eine schnelle Auflösung und Entwertung, ein Kippen von der dramatischen Überschätzung in die Langeweile. Vermutlich beginnen wir erst jetzt zu begreifen, was wir unseren Kindern genommen haben, indem wir ihnen die Fernbedienung in die Hand drückten und ihnen die körperliche Mitarbeit in Haus und Hof ersparten. Sie beginnen reich beschenkt und beklagen sich anschließend bei Eltern, Leh-

rern und allen, die es wahrnehmen können, dass es so nicht weitergeht.

Wer einen anspruchsvollen Beruf, ein Handwerk, ein Musikinstrument beherrschen will, muss damit fertig werden, dass er zunächst einmal nichts kann und sich schrittweise hocharbeiten muss. Das Leben wird uns geschenkt, die Welt müssen wir uns erarbeiten.

Liebesbeziehungen

Früher haben wir doch weniger gejammert und weniger Therapie gebraucht, und doch waren die Ehen stabiler und die Scheidungen seltener! Heute aber scheinen die Probleme schneller zu wachsen als die Lösungen. Angesichts der Fülle an guten Ratschlägen, an Tipps und Strategien in Zeitschriften und Büchern, was für oder gegen Seitensprünge, Lustlosigkeiten und Scheidungen nach 30 Ehejahren zu unternehmen sei, will das was heißen.

Da beruhigt es vielleicht ein wenig, sich zwischendurch klarzumachen, dass diese Leiden doch auch ein Zeichen dafür sind, wie gut es uns geht. 60-Jährige sind heute keine Greisinnen oder Greise, sondern gesunde, dynamische und reiselustige Menschen, in deren Repertoire auch der Aufbruch zu neuen Beziehungsufern gehört. Früher starben Frauen im Kindbett und Männer im Krieg, die Lebenserwartung war kurz, die wirtschaftliche Not drückend. Eine Frau, die keinen Mann hatte, musste hungern oder war auf Gnadenbrot angewiesen, einen Junggesellen erkannte man an hohlen Wangen und schlechtem Geruch, weil ihm niemand Essen kochte und ein Hemd wusch.

Wenn Ehen älter werden und Männer wie Frauen sich in einer blitzenden Singleküche perfekt versorgen können, wächst der Wunsch nach emotionaler Erfüllung. Die modernen Liebenden sind ihm sozusagen nackt ausgesetzt, ohne von wirtschaftlicher Alltagsplage oder dörflichem Gemeinsamkeitszwang abgelenkt zu werden. Und wie der Mensch ist, will er alles haben: den berauschenden Liebesanfang ebenso wie die Sicherheit und Dauer einer sakramentalen Ehe.

Ein Teil der modernen Beziehungsklagen scheint mir damit zusammenzuhängen, dass wir uns in eine Zeit zurückträumen, in der eine Beziehung alles war, was Frau und Mann haben konnten – es sei denn, der Tod griff nach einem der Partner.

Wir haben für die erste Liebe das Modell des Guten, Wahren, Schönen entwickelt. Viele von uns sind in diesem Punkt Fundamentalisten. Wenn es nicht funktioniert mit der Erlösung durch die Liebe, mit der Harmonie und der heilen Welt, dann lag es nicht an unseren unrealistischen Idealen, sondern daran, dass wir (vor allem natürlich unser enttäuschender Partner) uns ihrer unwürdig erwiesen haben. Wir müssen fester an sie glauben, sie unbarmherziger durchsetzen, dann wird es beim nächsten oder übernächsten Mal schon besser sein, wenn wir endlich die oder den Richtigen gefunden haben.

So entsteht das Motiv vom Geiz des Liebhabers (oder der Liebhaberin). In dem Computerprogramm, das passende Partner verkuppelt, war die Übereinstimmung groß und hoffnungsvoll. Wenn sich dann aber herausstellt, dass der neue Partner auch seine Geschichte, seine Verletzungen trägt, dass er misstrauisch und vorsichtig ist und nicht bereit, gleich alles zu wagen und zu geben – dann kann es die richtige Beziehung nicht sein.

Einige Zitate:

»Es ist ja nicht so, dass ich immer nur im Delikatessenladen kaufe. Aber ein bisschen Stil muss doch sein. Und er will immer in den billigsten Italiener gehen. Neulich haben wir uns im Biergarten getroffen. Jeder sollte was zu essen mitbringen. Ich hab Radieschen gekauft und frisches Brot, ein paar schöne Käsesorten. Und er kam mit einer Tüte vom Aldi und Aufschnitt in Plastikhüllen. Ich kann doch nicht meine Zukunft mit einem solchen Geizkragen verbringen!« (Eine 55-jährige Chefsekretärin über den 58-jährigen Wirtschaftsprüfer.)

»Wenn ich was organisiere, einen Ausflug oder Theaterkarten, eine Vernissage, dann macht er gerne mit und freut sich. Aber er organisiert nie etwas. Er möchte den Abend am liebsten zu Hause verbringen. Ich soll wieder die guten Spaghetti kochen, die ich beim ersten Mal gemacht habe, als er mich besuchte. Immer muss ich dafür sorgen, dass wir uns die Auslagen für die Theaterkarten teilen. Ich würde auch nie auf den Gedanken kommen, Benzingeld von ihm zu verlangen – aber er hat das neulich, auf unserer Fahrt nach Venedig, tatsächlich gemacht!« (Eine 52-jährige Programmiererin über einen 55-jährigen Unternehmensberater.)

Beide Frauen waren vor drei Wochen noch glühend verliebt und voller Optimismus, sie hatten ihre Partner mit allen eigenen Vorzügen ausgerüstet und deren Ängste und Zwanghaftigkeiten ignoriert. Jetzt, angesichts einer möglichen gemeinsamen Zukunft, verwandelten sich die großzügigen Mütter in anspruchsvolle Babys – und die idealisierten Liebhaber in böse Geizkragen. Für mich ist das ein Zeichen dafür, dass wir noch keine Kultur einer Liebesbeziehung haben, die ihre Vergangenheit ernst nimmt und erforscht. So entsteht eine angespannte, perfektionistische Stimmung, die nicht ermöglicht, was für eine alltagstaugliche Beziehung unbedingt notwendig ist: Toleranz für Schwächen, Humor, wenn etwas schiefgeht.

Lüge

Das Recht auf einen unangetasteten Bereich in unserer Psyche kann manchmal nur durch eine Lüge geschützt werden. Daher ist es ebenso wichtig, zwischen »anständigen« und »unanständigen« Lügen zu unterscheiden, wie zwischen Lüge und Wahrheit. Angesichts einer zudringlichen Frage genügt es oft nicht, die Antwort zu verweigern, um sich zu schützen. Gegenüber Inquisitionen, welche Schweigsamkeit als verräterisch deuten, ist die Lüge (so sagte schon Schopenhauer) legitim.

Der »anständige« Lügner nimmt die Lüge in Kauf, weil sie schützt, was ihm nach ernsthafter Überlegung wichtiger ist als die Wahrheit. Er hat sich von der Naivität verabschiedet, dass allen Menschen die Wahrheit guttut, sie an ihr wachsen und reifen, zweifelt aber auch daran, ob seine

Lüge mehr ist als eine Notlösung. Er respektiert den Belogenen und strebt ernsthaft danach, ihn nicht mehr zu täuschen, als es ihm für einen positiven Austausch notwendig erscheint.

Die »unanständige« Lüge hingegen ist schlechter als die Wahrheit. Sie bereitet Betrug vor, sucht nach ungerechten Vorteilen, genießt die Überlegenheit, die sich aus der Täuschung des anderen zu ergeben scheint und befriedigt sadistische Wünsche. Es ist die Lüge des Betrügers, des Heiratsschwindlers, des Schmarotzers. Wer gewissenlos lügt, genießt seine manipulative Macht und spottet insgeheim über jene, die so gutgläubig sind, ihm zu vertrauen.

»Reiten, Bogenschießen und die Wahrheit sagen!« Das waren die Tugenden der Nomaden. Herodot spricht von ihnen ebenso wie Mohammed. Ohne Wahrheit zerfällt eine Gruppe, gibt es keinen Verlass, nichts, was zwischen der Illusion und dem Chaos steht. In Herodots Welt standen den Persern, welche die Wahrheit liebten und halb Asien eroberten, die Kreter gegenüber, denen eine unausrottbare Neigung zur Lüge zugeschrieben wurde (bis zu dem sophistischen Satz: »Alle Kreter lügen!«, sagte ein Kreter.) Kretas Kultur war vielleicht auch einmal wahrheitsliebend, aber seit Tsunamis und Eroberer das minoische Reich zerstört hatten, blieb den Geschlagenen die Lüge.

Nicht alle Wahrheiten festigen Bindungen zwischen

Menschen, nicht alle Lügen zerstören sie. Man muss sich die Wahrheit leisten können. Zwischen Lüge und Wahrheit, bald dem einen, bald dem anderen Pol unterworfen, siedeln die Phantasie, das Ideal, der Glaube und die Illusion – Gebilde von großer Macht.

Wo der Glaube – etwa an die eigene Genesung von gefährlicher Krankheit – droht, sich aufzulösen, dient die Lüge, ihn festzuhalten. Das kann böse und gut sein, wir wissen es erst später: Der Arzt macht dem einen Kranken einen würdigen Abschied vom Leben unmöglich, indem er dessen Genesungsillusionen durch Lügen bekräftigt. Den anderen verstört und deprimiert er, weil er ihn durch taktlosen Wahrheitszwang überfordert. Gerade angesichts der Frage, ob dem Sterbenden die Wahrheit gesagt werden soll, wird unser Dilemma deutlich. Da unser Bedauern über unsere Lügen und Wahrheiten nicht selten nachhinkend aufklärt, was besser gewesen wäre, gibt es garantiert gute Wahrheiten so wenig wie garantiert gute Lügen.

Milde

Es gibt eine psychologische Fertigkeit, die so unscheinbar, wenig beachtet und doch hilfreich ist, dass man ihr gar nicht zu viel Aufmerksamkeit schenken kann. Ich nenne sie hier,

dem schlichten Deutsch zugeneigt, die Milde. Ich könnte auch sagen: die Kunst, einen Konflikt zu deeskalieren, eine narzisstische Kränkung abzuschwächen, einen von destruktivem Stolz bedrohten Menschen dazu zu bewegen, sich seine zeichensetzende (»den mache ich fertig!«) Aktion noch einmal zu überlegen.

Es ist nicht schwer, menschliche Intelligenz und Kreativität maximal zu reizen, wenn es darum geht, sich für eine Kränkung zu rächen. Davon zeugt der menschliche Erfindungsreichtum in der Konstruktion von Waffen und Terrorszenarien.

Nehmen wir den 17-jährigen Daniel. Er ist begabt, aber die Schule interessiert ihn weniger als die Computerabteilung eines Kaufhauses, wo er sich in einem Nebenjob beliebt und vom Abteilungsleiter geschätzt fühlt. Jetzt hat er in Französisch eine Fünf im Halbjahreszeugnis stehen.

Seine Mutter, die vom Vater getrennt lebt, ist schockiert. Der Junge hatte doch bisher gute Noten! Sie hat diese als tröstliches Zeichen gedeutet, dass er die Trennung vom Vater verarbeitet hat. Warum tut er ihr das an! Warum lernt er nicht so ordentlich wie früher, was soll das, er will doch einen guten Beruf erlernen? Sie muss ihm dieses unbedingt klarmachen!

Bisher hat sie Daniel anstandslos eine Entschuldigung geschrieben, wenn er während der Schulzeit zu seinem geliebten Job musste. Jetzt beschließt sie, das zu verweigern. Mit dem Jobben ist es vorbei! Erst muss er von der Fünf runter!

Daniel sieht das nicht ein. Er weiß schon, wie er sich bessere Noten erarbeitet, er hat einen Sprachkurs auf DVD gebrannt, er kriegt das hin! Wieso glaubt die Mutter ihm das auf einmal nicht! Wieso will sie ihm das nehmen, was ihm so viel bedeutet?

Der Streit eskaliert. Die Mutter will nicht von ihrer Erziehungsmaßnahme lassen, der Sohn nicht von seinem Ärger über ihre »Ungerechtigkeit«. Sie will ein Machtwort sprechen, er sich kein Machtwort gefallen lassen. Beide kämpfen mit den Tränen, bis schließlich Daniel mit einem wütenden »Verdammte Spießerin, mit dir kann man nicht reden!« Türen schlagend Zimmer und Wohnung verlässt.

Die Mutter bewahrt mühsam ihre Fassung und lenkt sich durch Hausarbeit ab. Zwei Stunden später kommt Daniel wieder nach Hause. Mit finsterer Miene sagt er zur Mutter: »Übrigens, du wolltest mir doch 100 Euro für eine Winterjacke geben. Ich hab gerade eine gesehen, die mir gefällt, reduziert!«

Was hätten Sie gesagt?

Versuchen wir es mit einer Auswahl. »Wer seine Mutter

beschimpft, verdient keine neue Jacke!« Oder: »Hier hast du das Geld, versprochen ist versprochen!« Oder: »Einigen wir uns: Du kriegst das Geld, und ich dein Versprechen, dass du mich nicht mehr beschimpfst!« Oder: »Tut mir leid, dass wir uns gestritten haben, natürlich kriegst du das Geld, aber ich muss mich erst erholen. Können wir vereinbaren, dass du den Job weitermachen kannst, bis ihr die nächste Arbeit schreibt, und wenn die Note dann nicht besser ist, wir noch einmal überlegen, was wir machen?«

Ein Streit eskaliert, wenn jeder Partner sein vermeintliches Recht mit allen Mitteln verteidigt und hofft, den Widerstand der Gegenseite dadurch zu brechen. Die Eskalation wird gemildert, wenn ein Partner einlenkt und Verhandlungen eröffnet. In unserem Beispiel habe ich der Eskalation (erste Antwort) drei mildernde Antworten folgen lassen, von denen die erste konturlos bleibt, während die beiden nächsten versuchen, die Beziehung wiederherzustellen und das Problem anzugehen.

Wenn wir uns in die unterschiedlichen Reaktionen einfühlen, wird auch deutlich, dass die erste, die sich vielleicht »konsequent« oder »pädagogisch« anfühlt, eigentlich kindisch ist – Trotz gegen Trotz, Starrsinn gegen Starrsinn. Vor allem aber erkennt sie das Angebot nicht, das darin steckt, dass Daniel gerade jetzt seine Winterjacke will. Er versucht, das Bild einer gebenden, wärmenden Mutter wieder aufzubauen – und gleichzeitig die Großzügigkeit der Mutter zu testen.

Wenn sie ihn jetzt noch einmal und noch bösartiger in seinen Bedürfnissen kränkt und missversteht, darf er sich in seinen Trotz verbeißen. Aber vielleicht versteht sie ihn ja und ermöglicht ihm auf diese Weise, auch sie zu verstehen und sich mit ihr zu einigen? Warum ist eigentlich beiden die Einsicht verloren gegangen, dass ihr Gegenüber ähnliche Ziele hat, diese allerdings eigenwillig und eigensinnig erreichen möchte? Auch Daniel will eine gute Note in Französisch, nur will er nicht etwas dafür opfern, was seine Mutter für belanglos hält. Und die Mutter will einen aktiven und kreativen Sohn.

Mutterliebe

Eine Mutter »ermordet« neun Babys, eine andere lässt eine Siebenjährige verhungern? Angesichts solcher Taten gehört es zum guten Ton, nicht nur Abscheu, sondern absolutes Unverständnis zu bekunden. Das zeigt, wie wichtig uns Illusionen über Mütter sind. Es fällt uns schwer zu akzeptieren, dass Mutterschaft ein Geschenk günstiger innerer und äußerer Bedingungen ist, und weder Pflichtgefühl noch Pflegetrieb ausreichen, um sie zu ermöglichen.

Der Glaube an einen menschlichen Mutterinstinkt wurzelt in Bequemlichkeit, nicht in Beobachtungen. Es gibt keine angeborene, unbeirrbare Neigung, das eigene Fleisch und Blut zu beschützen und alles zu tun, um es vor Übel zu bewahren.

In Wahrheit ist die Beziehung zwischen Mutter und Kind wie alle hoch leidenschaftlichen und existenziellen Beziehungen ambivalent, das heißt aus Liebe und Hass gemischt. Viele Frauen sehnen sich leidenschaftlich nach einem Kind und tun (fast) alles, um schwanger zu werden. Aber wenn Mütter offen sprechen können, wenn das Gute nicht erzwungen, sondern gefördert werden soll, dann erzählen sie uns doch recht genau, wie oft sie ihr armes, hilfloses Baby am liebsten los wären.

Wieder einmal, wie angesichts anderer psychologischen (Pseudo-)Rätsel auch, sollten wir uns nicht über schreckliche Taten entsetzen, sondern mit Respekt zur Kenntnis nehmen, wie mächtig doch die Gegenkräfte in den meisten Menschen wirken, die im Großen und Ganzen zuverlässig verhindern, dass aus phantasierten Morden Wirklichkeit wird.

Auch unsere näheren Verwandten im Reich der Säuger, die Affen, müssen Mutterliebe lernen. So hat der amerikanische Zoologe Harry Harlow nachgewiesen, dass ohne ausreichende Zuwendung von Artgenossen aufgezogene Rhesusaffen miserable Mütter werden, die ihre Babys unzureichend versorgen, sie tragen, als seien sie ein Stück Holz. Die Babys dieser traumatisierten Mütter hätten nicht überlebt, ohne die Hilfe der Pfleger.

Wenn wir nach den Grundlagen der gelingenden Mutterschaft forschen, finden wir nirgends eine isolierte, mit einem Kind allein gelassene Frau. Wir finden eine Gruppe, Frauen und Männer, die sich fürsorglich um das Neugeborene kümmern. In allen Primitivkulturen wandern die Säuglinge von Arm zu Arm. Eine Mutter hat nur in absoluten Ausnahme- und Notsituationen zu bewältigen, was heute vielfach »normal« ist: unter Einzelhaftbedingungen Tag und Nacht für ein Baby zuständig zu sein, das sie versorgen muss, weil sie sich das schließlich selbst eingebrockt hat. Besonders tragisch: In vielen Fällen ist die Mutter selbst ihre Kerkerwächterin, weil sie es sich nicht eingestehen kann, dass ihr das Kind »zu viel« ist und sie dringend entlastet werden müsste.

Nur wer sich selbst ein Leben lang emotional von Kindern ferngehalten hat oder aber ein unerschütterlicher Gutmensch ist, wird nicht verstehen, dass unter solchen Bedingungen nicht die Liebe wächst, sondern Hass und Wut zu kurzschlüssigen »Befreiungstaten« führen können.

In den Gesellschaften der Jäger und Sammler, auf die unsere Erbanlagen zugeschnitten sind, würde einer solchen Mutter nichts geschehen. Es wäre ihre Sache, ob sie ein Kind überleben oder sterben lässt. Im Rom der Antike wurde das Neugeborene vor den Vater gelegt. Hob er es auf, genoss es den Schutz der Familie. Ließ er es liegen, wurde es in den Wald gebracht und alleingelassen, so gab es später keinen Täter, an dem sich die Seele hätte rächen können.

Das Schwinden der Großfamilie mag unser Sexualleben aus der drückenden Kontrolle einer erweiterten Verwandtschaft befreit haben. Aber es hat auch dazu geführt, dass nicht mehr eine einfühlende, erfahrene Frauengruppe – keine einzelne Frau! – das Baby betreut. Das liebende Paar ist ein anspruchsvolles und gar nicht selten höchst instabiles Milieu. In Wunschträumen festigen Kinder die Ehe, in der Realität treiben Geburten die Scheidungsziffern auf ihren frühen Höhepunkt. Fehlt der liebende Partner, dann regieren Gesetze und Experten, welche den Müttern beibringen, was sie tun und was sie lassen sollen.

Schwanger zu sein, gibt manchen Frauen ein unerschütterliches Gefühl sexueller Identität. Ein Kind hingegen ist etwas Äußeres, ein fremdes Wesen, das eigene Ansprüche stellt. Daher ist die Bereitschaft zur Schwangerschaft nicht mit der Bereitschaft identisch, ein Kind zu versorgen. Das Neugeborene dann zu töten, drückt die Macht des primitiven Narzissmus aus, jene abgründige, mütterliche Allmacht, die Leben schafft und Leben nimmt. In der Antike hatte die große Göttin einen lebensspendenen Aspekt, verkörpert in Aphrodite und Ceres – und einen todbringenden, verkörpert in Hekate, in den Lamien, die in Vampirgeschichten fortleben, in Medea, welche ihre Söhne tötet, um den treulosen Gatten zu treffen.

Es ist trivial, mehr Liebe einzufordern, aber doch längst nicht so töricht wie die Forderung nach strengeren Gesetzen und schärferen Kontrollen, die in solchen Situationen laut wird. Hilfreich wäre allein, Bedingungen zu schaffen, die an der Einsamkeit und Auslieferung isolierter Mütter etwas ändern.

Narzissten

Von Politik verstehe ich so viel, wie es einem aufmerksamen Zeitungsleser gegeben ist, der viele Jahre seines Lebens in unterschiedlichen ehrenamtlichen Funktionen Vereine mitgegründet und mitgeleitet hat. Gegenwärtig bin ich etwas wie ein »Abgeordneter im Mini-Format« – von einigen hundert Kollegen als Delegierter in die neu gegründete Psychotherapeutenkammer Bayerns gewählt, wo ich erst neulich einen Tag mit parlamentarischer Arbeit verbracht habe.

Als ich am Abend die Isar entlang nach Hause radelte und unter den Brücken durchfuhr, auf denen sich in der Abendsonne die glänzenden Karosserien stauten, hatte ich eine typische narzisstische Phantasie: Die dort oben waren zwar Herr über viele PS und saßen klimatisiert bequem am Steuer, während ich strampeln musste. Aber ich fuhr durchs Grüne, atmete bessere Luft und kam schneller voran. Das Gedankenbild spiegelte wider, was ich den Tag über erlebt hatte. Die Kammer musste sich eine Satzung geben. Es entspann sich ein zähes Ringen um Details, das ich einige Stunden genervt ertrug. Der Präsident und seine Beisitzer am Vorstandstisch harrten in bewundernswerter Geduld aus. Ich war aufgebrochen, als eine endlose Debatte im Gang war, ob der Präsident die Delegiertenversammlungen leitet oder ob ein Versammlungsleiter gewählt werden solle.

Du wirst nie Kammerpräsident werden, dachte ich auf dem Weg. Aber dafür bist du Herr über deine Zeit und nicht Sklave deiner Machterhaltung.

Auch das ist eine narzisstische Phantasie. Jetzt muss ich also endlich erklären, was mit »narzisstisch« gemeint ist:

Der Begriff hat seine Wurzel in dem griechischen Mythos vom selbstverliebten Jüngling, der – weil er die Frauenliebe verschmähte – von Aphrodite dazu verflucht wurde, sich in sein Spiegelbild zu verlieben. Er sah es in einer klaren Quelle, konnte sich weder von ihm trennen noch es erreichen und verhungerte. Wissenschaftlich eingeführt wurde der Narzissmusbegriff von Freud, der damit einen Vorgang beschrieb, in dem sich unser Begehren (die Libido) nicht an andere Menschen (die Liebesobjekte) bindet, sondern die eigene Person »besetzt«.

Es ist ein naheliegender, schlichter Gedanke, der die Selbstliebe in den Rang eines natürlichen Vorgangs hebt und sich ihrer moralischen Wertung in den Weg stellt, die schon so unendlichen Schaden in der menschlichen Seele angerichtet hat. Denn jedes Machtsystem, das seine Struktur verschleiern will, wird doch den Ohnmächtigen einimpfen, es sei ihre Pflicht, selbstlos zu dienen, ihr Narzissmus sei böse, sich denen höheren Ranges zu unterwerfen aber tugendhaft. So verwundert es nicht, dass vor allem Kinder und Frauen eher depressiv werden, als sich zu ihrer Selbstliebe zu bekennen. Männer zeichnen sich durch eine höhere Fähigkeit aus, sie zu rationalisieren und zu behaupten, sie dienten eben höheren Werten oder übten Verantwortung aus.

Wissenschaftlich gesehen sind alle Menschen Narzissten. Sie suchen nach Möglichkeiten, sich selbst positiv zu sehen und die Bestätigung ihrer Umwelt zu erhaschen. Aber da es nicht leicht ist, ehrlich über die eigene Selbstliebe zu sprechen, da es manchmal geradezu die erwünschte Zuwendung kostet, sie allzu auffällig zu begehren, neigen unkritische Autoren dazu, auffällig geltungsbedürftige Menschen »Narzissten« zu nennen.

Wer missliebige Politiker oder Künstler mit dieser Vokabel abzuwerten sucht, demonstriert etwas, das ich den pharisäischen Narzissmus nenne. Er strebt nach Geltung, indem er seine eigene Tugend herausstellt und mit dem Finger auf jene zeigt, denen sie mangelt.

»Operettentherapie«

Natürlich ist es schöner, wenn man nicht depressiv ist. »Glücklich ist, wer vergisst, was doch nicht zu ändern ist!« Höre ich da Einwände? Vielleicht von jenen klassisch Gebildeten, die in der Melancholie etwas besonders Tiefes, meinetwegen sogar etwas besonders Deutsches sehen?

Die Presse bemüht sich um Optimismus und bedauert

die deutsche Jammerkultur. Wenn wir schon sonst nichts tun können, müssen wir die Wende auf dem Arbeitsmarkt oder an der Konsumfront »herbeiglauben«. Wagt ein Sportreporter, der deutschen Mannschaft den Siegeszug nicht zuzutrauen? Sind wir nicht Papst? Denken wir positiv!

Dieses positive Denken kommt für mich gleich nach dem voreiligen Psychopharmaka-Rezept. Es ist entweder kein Denken oder nicht positiv. Wenn wir denken, verarbeiten wir die Realität. Die Realität ist gemischt. Positives ohne Negatives lässt sich nur durch Denkhemmung herstellen. Verleugnung hat mit Denken so viel zu tun wie ein Heiligenbildchen mit Tugend.

Es kostet nicht viel, jemanden dafür zu tadeln, dass er eine Situation zu negativ sieht. Es ist einfach (und kommt beim Depressiven oft an wie Spott), das Schlechte zu wenden, bis es besser aussieht. Meist unterstellt ein solcher Ratschlag dem Beratschlagten ebenjenen Mangel an Einsicht und Intelligenz, der den Ratgeber selbst auszeichnet. Statt sich auf den Kontakt einzulassen, eine Forschungsreise anzutreten, herauszufinden, was den Leidenden in seinem Leiden festhält, wird der Hilfesuchende durch eine Geste der Überlegenheit kleingemacht.

Er ist arbeitslos, muss also fleißiger sein oder sich energischer bewerben! Er trinkt zu viel, weiß er denn nicht, dass Alkohol schädlich ist? Er hustet, soll er doch mit dem Rauchen aufhören. Er fühlt sich einsam, ja warum geht er nicht in die Kneipe oder füllt das Parship-Formular aus?

Die Szene des guten Ratschlags gewinnt ihre Bitterkeit daraus, dass es gerade eine Art falscher Stolz ist, der den Depressiven daran hindert, es sich besser gehen zu lassen. Auf gar keinen Fall aber ist es ein Mangel an Wissen um das, was eigentlich richtig wäre. Ganz im Gegenteil: Das rastlose Mühen, es den Eltern, den Geschwistern, den Kolleginnen und Kollegen, den Vorgesetzten, den Nachbarn recht zu machen, haben den Depressiven so erschöpft.

Wenn wir ihm jetzt sagen, er solle die Flasche endlich halb voll sehen, er solle endlich an sich denken, er dürfe doch auch egoistisch sein, verkennen wir seine geheime Sehnsucht, nicht sich ändern zu müssen, sondern endlich eine Welt zu schaffen, in der alle so sind wie er selbst. Dort könnte er in unbeeinträchtiger Harmonie leben. Dort sind alle treu und pflichtbewusst, aufmerksam und stets gerade so wie er bereit, unausgesprochene Wünsche zu erfüllen. Niemand wird bei einer Beförderung übergangen, weil er nicht auf sich aufmerksam macht, niemand kommt bei der Erbauseinandersetzung zu kurz, weil er lieber nachgibt als sich zu streiten.

Der Depressive gleicht einem Menschen, der lieber hungert und wartet, bis sich eine geschlossene Tür öffnet, als an diese Tür zu klopfen. Er fühlt sich verlassen, er straft sich dafür, dass er nicht so geliebt wird, wie er es sich vorstellt, er harrt und hofft, weil er fürchtet, als gierig oder egoistisch zu gelten, wenn er anfängt, um die Erfüllung seiner Wünsche zu kämpfen.

Wenn ein gesundes Kind an einem Sommertag um ein Eis bettelt, wird es nicht nach der ersten Absage beschämt denken, dass sein Wunsch verkehrt ist. Es wird nicht lockerlassen, bis es hat, was es will und dann zufrieden die Beute verzehren. Der Depressive hingegen würde entweder warten, bis die anderen auf den Gedanken kommen, ihm ein Eis zu spendieren, oder es würde ihm, weil er darum bitten musste, nicht mehr schmecken und ganz zufällig auf die Erde fallen.

Wenn einem Menschen früh Gier und Exhibitionismus ausgetrieben und nicht zwischen ihren sinnvollen und unsinnigen Äußerungen differenziert wurde, hat er es später schwer. Er wird sich schämen oder sich schuldig fühlen, wenn er Wünsche artikulieren, sich in die Mitte stellen und laut sagen soll, dass auch er ein Stück vom Kuchen will. Das sollen andere tun, Verachtete – denn in der Hemmung des Bescheidenen, im Verzicht des Anspruchslosen stecken Aggressionen, Entwertungen, Stolz. »Ich lass mir doch nichts schenken!«

Zu den geheimen Sehnsüchten und Ansprüchen hinter

einer bescheidenen, anspruchslosen Fassade muss vordringen, wer dem Depressiven helfen will. Der Helfer sollte geduldig und anerkennend erforschen, in welchen Situationen der Klagende sich selbst verloren hat. Er muss ihn dabei unterstützen, die Aussichtslosigkeit seiner Erwartungen zu erkennen. Wenn diese Ebene erreicht ist, kann es gelingen, jene schlummernden Aggressionen zu befreien, die sich im depressiven Zustand in das eigene Ich verbissen haben. Statt billiger Ratschläge und mitleidigen Trostes beginnt dann ein herzlicher Streit mit dem Depressiven um seine Sicht auf die Welt, in dem der Helfer bereit sein sollte, nicht als der bessere Mensch dazustehen, sondern als einer, der bereit ist, Schattenseiten zu akzeptieren.

Opfer

Wenn es um den Holocaust in Europa geht, scheinen auch sonst kluge und besonnene Deutsche plötzlich von allen guten (Sprach-)Geistern verlassen. Wie kommt es, dass in diesem Bereich Vergleiche jede Proportion verlieren? Wie wird es möglich, dass sich ein kritisierter Schriftsteller mit der »Auschwitz-Keule« geknüppelt fühlt, wie Martin Walser angesichts des Gedankens von Marcel Reich-Ranicki, er habe in einem Text die Judenverfolgung ignoriert? Was ist in einem hessischen Ministerpräsidenten abgelaufen, als er den geschmacklosen Umgang mit einigen reichen Personen in Deutschland mit dem Judenstern auf der Brust von Opfern rassistischer Mörder verglich?

Im deutschen Unbewussten ist die Judenverfolgung zu einem Mythos geworden. Es schlummert in jenen seelischen Tiefen, in denen auch Metaphern entstehen und die folgerichtig von Psychotherapeuten durch eigene Mythenbildungen (»Ödipuskomplex«, »falsches Selbst«) erschlossen werden. In diesen Tiefen wirkt eine paradoxe Identifizierung. Unbewusst wollen diese Erben der Täter vor allem eines sein: Opfer.

Die Besonderheit der Judenpolitik in Nazi-Deutschland lag in der virulenten Verbindung von Antisemitismus und Rassenlehre. In einer jeder Logik spottenden und doch als unanfechtbar auftretenden Rhetorik wurde der drohende Verfall des deutschen Volkes mit der »Verunreinigung« durch rassenfremdes Blut verknüpft. Obwohl es keine genetischen Unterschiede zwischen Juden und Deutschen gibt, wurde die »arische« Abstammung zum Kriterium, das zuerst über Karriere und Vermögen, später aber über Leben und Tod entschied.

Alle anderen Treibjagden auf Sündenböcke, welche die Geschichte kennt, hat die »Endlösung der Judenfrage« durch diese spezifische Grausamkeit übertroffen. Die Opfer waren durch kein äußeres Merkmal erkennbar. Sie waren Deutsche, sie sprachen wie wir, sie teilten häufig unsere säkularen Überzeugungen oder politischen Konzepte. Sie hatten »nur« die falsche Abstammung. Es gab, anders als in den Christenverfolgungen der Römer oder den Judenverfolgungen der Christen, keinerlei Chance, durch einen Sinneswandel, wie ein Weihrauchkorn in der Opferschale, ein wenig Taufwasser über den Scheitel, drohende Gewalt abzuwenden.

Dadurch wird der verfolgte Jude im deutschen Unbewussten zum perfekten Symbol der Befreiung von jeder eigenen Schuld, ähnlich wie der gerettete Jude zum Mythos der Rechtfertigung deutscher Nazis nach 1945 wurde. Wer sich mit ihm identifiziert, hat das Recht ganz und gar auf seiner Seite, er kann jeden Gegner sprachlos machen.

So tauchen seit 1945 in unseren Psychoanalysen gehäuft Familienmythen mit einer verheimlichten jüdischen Abstammung auf.

Freud hat als »Familienroman des Neurotikers« den klassischen Plot trivialer Erzählkunst aufgegriffen, dass ein Kind höchst vornehmer Abkunft, von Zigeunern geraubt, bei niederen Eltern aufwächst, bis es schließlich am Monogramm im Hemdchen als geraubter Spross gräflichen Geschlechts erkannt und wunderbar erhoben wird.

Der deutsche Familienroman der Nachkriegszeit ist die

verheimlichte Zeugung durch einen im Holocaust umgekommenen jüdischen Vater. Er spielt in den Phantasien deutscher Analysepatienten eine wichtige Rolle. Es stört die Betroffenen meist nicht, dass sie, indem sie sich als Halbjuden bezeichnen, einen Ausdruck der Rassenkunde aufgreifen. Im Judentum ist das Kind einer jüdischen Mutter Angehöriger der Gemeinschaft – Halbjuden hat es nie gegeben.

Anna Freud hat den Abwehrmechanismus der Identifizierung mit dem Angreifer zuerst beschrieben. Eines ihrer Beispiele ist der Schüler mit den Zwangsgrimassen, aus dem die Analytikerin schließlich rekonstruiert, dass er unbewusst versucht, den wütenden Gesichtsausdruck seines jähzornigen Lehrers anzunehmen, der ihn brutal verprügelt hat.

Im deutschen Unbewussten hat eine historisch einzigartige Umkehrung stattgefunden: Die NS-Täter erscheinen uns so fern und monströs, dass unsere unbewusste Phantasie im Streben nach einer Bewältigung des Schreckens nach den Opfern greift. So sind wir unter einer dünnen Schicht von Vernunft und Respekt vor historischen Tatsachen alle verfolgte Juden und Opfer des Holocaust geworden, jederzeit bereit, diese Identifizierung vorwurfsvoll ge-

gen Verfolger zu richten. Wir sind die besseren Juden. Wer uns das sagt, den lieben wir, wer widerspricht, ist schuld am Antisemitismus.

Placebo

Wenn in den Medien über Wunderheiler berichtet wird, fällt häufig der Satz »Wer heilt, hat recht!« Aber so einfach ist die Sache wahrhaftig nicht. In die Politik übertragen, hätten dann alle Rattenfänger recht, die sich eine Mehrheit zusammenlügen. Deutsche sollten da besonders vorsichtig sein, schließlich hatte kein Politiker ein höheres Maß an öffentlicher Unterstützung als Adolf Hitler.

Wenn ein depressiver Patient nach vier Wochen in absoluter Finsternis (»Dunkeltherapie«, praktiziert in einem Haus im Schwarzwald) genesen ist, bestätigt das den Genesungswillen des Kranken und die Macht des Unbewussten ebenso oder vielleicht sogar mehr als die selbst gestrickte Mythologie des Therapeuten.

Neulich sah ich in einer Fernsehreportage einen Arzt, der das Handauflegen bei unfruchtbaren Frauen »wissenschaftlich« als erfolgreiche Methode bewiesen hatte, weil in einer nicht behandelten Kontrollgruppe auch weniger Kinder geboren worden waren. Dann wurde eine glückliche Mutter gezeigt. Weder die Mutter noch die Heilerin haben mich verstimmt, wohl aber der »Wissenschaftler«, der behauptete, es handle sich sicher nicht um einen Placebo-Effekt.

Ein Arzt, der die Wirksamkeit eines neuen Mittels beweisen will, erwirbt sich wissenschaftliche Glaubwürdigkeit dadurch, dass er diesen Placebo-Effekt durch den doppelten Blindversuch ausschließt. Weder Arzt noch Patient wissen, ob sie eine wirksame Substanz oder einen nach pharmakologischem Wissen unwirksamen Stoff, beispielsweise Milchzucker, erhalten.

Aber wie sollte diese Versuchsanordnung bei einer psychotherapeutischen Maßnahme aussehen? Eine Schauspielerin zu engagieren, die ähnlich eindrucksvoll die Hände auflegt, aber nicht an ihre Heilkraft glaubt?

Ein Arzt, der von einem Mittel überzeugt ist, gibt dem Leidenden mehr als einen chemischen Stoff. In den Augen der naturwissenschaftlichen Medizin ist der Placebo-Effekt billig zu haben und im Handwerkskasten der Stümper. Auf Kongressen schleudern Wissenschaftler, von der Überzeugung ihres Publikums getragen, ihre Bannflüche ähnlich nach außen wie Erzbischöfe in einem Hochamt. Aber solche Rituale vertiefen Gegensätze und haben mit Wissenschaft nichts zu tun, es handelt sich um Dogmatik mit einem standespolitischen Hintergrund. Die Ziele sind ökonomisch: Die Geldquellen der Krankenkassen sollen ausschließlich der eigenen Gruppe zugutekommen.

Es zeigt sich, dass das Volk in weiten Teilen gegen Recht- und Machthaber entscheidet. In der Medizin stimmen viele Ärzte heimlich oder offen gegen ihre Vorgesetzten. Obwohl während des Studiums strikt naturwissenschaftlich sozialisiert, wenden sich zahlreiche Ärzte nach ihren Examina den Lehren der Homöopathie und der Naturheilkunde zu.

Psychotherapie – ob auf analytischer Basis oder auf lerntheoretischer – ist immer auch ein Placebo. Wir können sie nur mit großen Verleugnungsanstrengungen von diesem abgrenzen. Bei Kopfschmerzen helfen nach Untersuchungen von Arthur Jores in 60 Prozent der Fälle Placebos. Schlaflosigkeit lässt sich nach einem Versuch von Günter Clauser in 49 Prozent durch weiße Tabletten, in 69 Prozent durch einen bitteren, roten Trunk und in 81 Prozent durch farbenprächtige Gelatinekapseln beheben.

Der Arzt, der mit absichtlichen Suggestionen arbeitet, entspricht allenfalls der farblosen Tablette. Man stellt sich auf ihn ein und weiß, wie man mit ihm dran ist. Viel stärker überzeugt, wer an seine Sache glaubt. Vielleicht hat die Psychoanalyse nicht weniger suggestive Komponenten als die Hypnose. Aber da sie im günstigen Fall einen Analytiker hervorbringt, der an seine Deutungen glaubt und sich während seiner Lehranalyse auch selbst diesen Deutungen unterworfen hat, entfaltet sie Wirkungen, die vielleicht tiefer gehen und weiter reichen als die der Hypnose.

Homöopathen wollen ganz entschieden nichts von einer suggestiven Seite ihrer Arbeit wissen. Es geht um das korrekte Simile, die genaue Anamnese, die Wirkung der Hochpotenz. Und vielleicht ist gerade diese energische Absage an alle Suggestion so überzeugend.

Wenig bekannt, aber ungeheuer wichtig ist der negative Effekt von Placebos. Wenn Menschen fürchten, dass ihnen ein Mittel oder ein Eingriff schaden könnte, dann kann dieses im Bereich der Placebo-Wirkungen – also jener magischen Breite zwischen 50 und 80 Prozent – tatsächlich schaden.

Heilsame Mittel, die Leben retten können, verwandeln sich in Gifte, sobald der Patient nicht an sie glaubt. Die Verfechter der Allopathie denken dann schon einmal eher daran, ein leukämiekrankes Kind mit der Polizei zur Chemotherapie zu schaffen, als der eigenen Mitverantwortung nachzugehen, warum ihre Medikamente einen derart schlechten Ruf haben. Gute Mittel mit schlechtem Ruf mag es in der Veterinärmedizin geben, in der Humanmedizin gibt es sie nicht.

Prophet

Propheten sind Individuen, die Grenzsituationen erlebt haben – Genies, Menschen, die schwer verletzt und erschüttert wurden. Sie werden Propheten, um diese Erfahrung zu verarbeiten. Das Erlebnis, welches die Karriere anstößt, kann ein Kindheitstrauma sein, wie zum Beispiel bei Freud, die schwere Verwundung eines Soldaten, welche seine Karriere beendet, wie bei Ignatius von Loyola, ein epileptischer Anfall bei Saulus/Paulus. In anderen Fällen wissen wir zu wenig, um etwas zu vermuten, etwa bei Mohammed. Bei Buddha ist das Ereignis ganz in Legende gehüllt: Er soll, als Prinz geboren, von seinem Vater vor dem Anblick jeder Schattenseite des Lebens bewahrt worden sein. Während seiner Wanderschaften durch die Umgebung seines Palastes begegnete er einem verkrüppelten Greis, einem Fieberkranken, einem verwesenden Leichnam und schließlich einem Asketen und erfuhr durch die Begegnung mit menschlichem Leid »seine« Traumatisierung.

Am besten dokumentiert ist der Zusammenhang zwischen prophetischer Leidenschaft und seelischer Erschütterung bei einer spezifischen Form der Epilepsie, die vom Schläfenlappen des Gehirns ausgeht. Die Temporal-Epilepsie führt nicht zu schweren Krampfanfällen und völliger Bewusstlosigkeit. Ihre Folgen sind emotionale Grenzerfahrungen.

Die »Temporallappenpersönlichkeit« ist folgendermaßen charakterisiert: durch zwanghaftes Schreiben, spirituelle Neigungen, einem Bedürfnis, über die eigenen religiösen Gefühle zu sprechen sowie dem Wunsch, andere von ihnen zu überzeugen.

Das Gesamtbild ist umstritten, aber es gibt immer wieder Einzelfälle, welche diese Merkmale in sehr auffälliger Form verbinden. Das heißt jedoch keineswegs, dass ein religiöses Zentrum im Gehirn aktiviert wurde. Es ist eher so, dass diese Personen die tiefe Erschütterung ihres Selbstwertgefühls mit den Mitteln verarbeiten, die ihnen ihr Gedächtnis und damit ihre Kultur liefern.

Sie deuten ihre Erlebnisse in den Kategorien, die für solche Grenzerfahrungen zuständig sind. Diese stammen aus den Mythen, Legenden und Glaubensvorstellungen, die sie bisher zusammengetragen haben. Wahrscheinlich liegen bei den 30 – 40 Prozent der Anfallskranken, die ihr Leiden durch spirituelle Erklärungen bewältigen, solche frommen Gründe latent bereit. Wo sie ganz fehlen, fehlt auch diese Form der Verarbeitung.

Ein lang vergessener Kindheitsglaube wird vitalisiert, die Erlebnisse werden schriftlich fixiert. Botschaften »für immer« festzuhalten, sie über Zeit und Raum ins Grenzenlose zu übermitteln, das sind Eigenschaften Gottes, Zeichen seiner Allmacht.

Ebenso wichtig ist aber die Tendenz des Erleuchteten, Anhänger zu schaffen. Der Betroffene wird zum Begeisterten, zum inspirierten Verkünder seiner Wahrheit für einige oder für alle. Er verarbeitet seine seelischen Erschütterungen, indem er seine Lehre predigt.

Energische und begabte Personen verarbeiten nach diesem gruppendynamischen Modell der Religionsentstehung ihre Verletzungen dadurch, dass sie eine Schutzschicht um sich bilden. Es ist die Gruppe ihrer Anhänger, ihrer Gläubigen, geeint durch eine gemeinsame Projektion von Grandiosität.

Anfänglich galt hier, wie bei Moses, noch die Tradition der Schamanen. Die Bindung an ein »auserwähltes Volk« erinnert an sie: Der Schamane spricht immer nur für »seinen« Stamm. Die missionierenden monotheistischen Religionen haben diese Form der Grandiosität gesteigert. Ihr Credo verlangt, die ganze Welt zu überzeugen und sie dieser Offenbarung zu unterwerfen. So muss der Prophet, ob er Paulus heißt, Mohammed, Adolf Hitler oder Ron Hubbard niemals fürchten, dem zu begegnen, was seinen Glauben wieder auflösen könnte.

Denn die von den Glaubensstiftern so felsenfest geäußerte Überzeugung, sie hätten das Rätsel des Schicksals gelöst und Gott in ihrem Leben gefunden, deutet der Psychoanalytiker als Reaktionsbildung auf das innere Erschrecken vor dem Chaos einer massiven Traumatisierung. Nicht diesem Chaos bin ich begegnet, sagt sich das erschütterte Ich, sondern höchster Klarheit, fester Ordnung, letzter Sicherheit über Gott und die Welt.

Wir verstehen jetzt vielleicht etwas besser, weshalb es so viele unterschiedliche Religionen gibt und weshalb die Prediger des Glaubens wie die des Unglaubens so viel Anstrengung darauf verwenden, andere zu überzeugen und selbst die letzte Instanz zu sein – »Es ist kein Pfäffelein so klein/es möchte nicht ein Päpstlein sein«, wie ein Sprichwort sagt, das Heinrich Heine zitiert.

Grenzerfahrungen werden verarbeitet, indem sich die Betroffenen an eine Autorität anlehnen oder selbst zu einer werden, weil sie keine passende finden. Die Opfer fallen zunächst in kindliche Verhaltensmuster zurück, sie suchen Elterngestalten, an denen sie sich orientieren können (der verwundete Offizier liest z. B. die Heiligenlegenden). Bei den meisten Traumatisierten bleibt es bei dieser Regression; sie klammern sich verstärkt an das, was ihnen die Gruppe an Trost und Halt bietet. Besonders Begabte bewältigen diese regressiven Neigungen durch eine Reaktionsbil-

dung. Sie fürchten die entstehende Abhängigkeit und wehren sie durch eine energische Gegenbesetzung ab: Statt sich »Eltern« zu unterwerfen, werden sie selbst zu solchen.

Die Neigung des Menschen, angesichts seelischer Überforderung Zuflucht bei seinesgleichen zu suchen, ist vermutlich genetisch verankert. Zu lange hing unser Überleben davon ab, ob wir verlässliche Bindungen zu Eltern, Geschwistern und Kindern aufbauen konnten. Der Mensch erkennt den Menschen und lächelt ihn an, ohne das lernen zu müssen. Soziale Kompetenz, die Fähigkeit, sich auszutauschen, einander zu helfen, ist für das Überleben so nützlich, dass es nicht verwunderlich ist, dass es in jeder Kultur Tauschhandel und Markttreiben in irgendeiner Form gibt.

Daher ist die biologische Komponente der Religion in der Unterwerfungsbereitschaft der Gläubigen zu suchen. Der Mensch lässt sich von seinesgleichen beeinflussen und marschiert in der Masse gegen die eigenen Interessen. Der Prophet schafft aus den Mythen, Riten, den religiösen Vorstellungen, den Göttern seiner Umgebung etwas Neues. Dieses Neue wird überliefert, wenn es sich einen Markt erobert,

wenn Gruppen es brauchen können. Der erfolgreiche Religionsstifter erobert einen halben Kontinent, der erfolglose stirbt als Bettler oder endet in einer psychiatrischen Klinik.

Psychosomatisch

Die psychologische Aufklärung hat sicher auch gute Seiten. Aber, wie der Dichter sagt: »Wohltat kann zur Plage werden.« Wer über ein Leiden klagt, das früher mit miesen Körpersäften, schlechter Luft, bösen Bakterien oder simplem Pech erklärt wurde, muss nur auf einen Besserwisser treffen, und schon ist sie oder er eigentlich selbst schuld. »Stress?«, ein mitleidiger Kennerblick. »Zu viel Arbeit, man kann schließlich die Kollegen nicht hängen lassen?« »Wer ist ›man‹? Sprich doch deine Sätze mit ›Ich‹, übernimm Verantwortung für das, was du tust…«

Da kann man nur noch dem Angreifer den Wind aus den Segeln nehmen, die Flucht nach vorne antreten, sich selbst bezichtigen, vielleicht gibt er dann Ruhe. In solchen Situationen fällt der Satz: »Ich weiß schon, es ist psychosomatisch!«

Man könnte sich damit zufriedengeben, auf Taktlosigkeit hinzuweisen und die im Alltag durchaus brauchbare Empfehlung auszusprechen, niemals ungefragt und ungewünscht seelische Dynamiken zu unterstellen. Das ist unter Freunden heikel und selbst unter Eheleuten eher ein Zeichen, dass ein verdeckter Machtkampf tobt, als das Signal von Zuwendung und Fürsorge. Aber es wäre doch naiv, nun zu glauben, dass damit das Problem aus der Welt geschafft ist. Es verlangt nach einer gründlicheren Untersuchung.

Was macht denn die psychologische Schnelldiagnose so beliebt? Wenn schon die Opfer meist nur gequält reagieren – dem Alkoholiker ähnlich, dem wieder einmal gesagt wird, er müsse das Saufen lassen – warum halten die Täter dennoch an ihrem Verhalten fest? Warum ist die schlichte Überlegung so wenig beliebt, dass jeder Alkoholiker ziemlich genau weiß, dass das Trinken ihm nicht guttut und er es lieber sein lassen sollte? Wenn wir schon aus eigenem Erleben genau wissen, wie sehr wir uns den Kopf über »Warum das? Warum gerade jetzt? Warum gerade ich?« zergrübeln, wenn wir krank werden – warum können wir dann die Kranken nicht in aller Ruhe trösten und warten, bis sie selbst den Wunsch haben, über den einen oder anderen Hintergrundsgedanken mit uns zu sprechen?

In der modernen Gesellschaft ist jeder seines Glückes Schmied. Da kommt man schnell auf den Einfall, dass es beim Unglück ähnlich bestellt sein muss. Darüber hinaus aber sind wir angesichts menschlicher Schwäche immer auch selbst gekränkt. Fürsorge für die Schwachen ist ein hoher Wert. Sie ist ritterlich, was bereits ausdrückt: Man muss sie sich auch leisten können, denn im Mittelalter waren nur die Reichen beritten.

In jeder Kultur gibt es Formen der Rücksicht, der Pflege, des schonenden, sorgenden Umgangs mit Kindern und Alten. Aber immer muss man sie sich auch leisten können. Die Eskimos setzen nicht ihre Großeltern auf einer Schlittenfahrt im Winter irgendwo aus und lassen sie verhungern, wenn es sich vermeiden lässt. Aber wenn die Not zu groß ist, gebietet der Brauch den einen, sich zu opfern, den anderen, das Opfer anzunehmen.

Es gibt im Menschen ein primitives Streben nach Ausgleich, das sich zum entwickelten Gerechtigkeitssinn verhält wie die Wirtshausrauferei zur Parlamentsdebatte. Der Kranke hat beim Gesunden etwas gut und konfrontiert diesen gleichzeitig mit seiner eigenen Gefährdung. Da tröstet es, wenn ich ihm ein Verhaltensrezept geben kann, das ihn (vermeintlich) vor der Krankheit und mich vor einer gefährlichen Nähe zu ihm schützt – vor dem unbequemen Wissen, dass wir alle auf dünnem Eis wandern und irgendwann einbrechen werden.

Rache

Zwei Männer laufen einen halben Tag lang auf der Suche nach den begehrten Steinpilzen durch den Wald. Ein einziger, stattlicher Pilz ist die enttäuschende Beute. Am Abend, vor der Heimfahrt, legt der Finder den Pilz auf den Weg und drischt mit seinem Wanderstock auf ihn ein.

Diese Aktion erscheint uns verrückt und nachvollziehbar zugleich. Wir alle kennen Racheimpulse und wissen um ihre Unvernunft. Ein so harmloses Beispiel eignet sich vielleicht besser, die seelische Dynamik der Rache nachzuvollziehen als ein dramatischer Akt des Terrors oder ein Mord aus Eifersucht.

An Rache denken wir, wenn wir einen Fehler in der Wirklichkeit erleben, den wir weder ertragen noch verleugnen können. Wo ein Mensch nicht verletzt wurde, wird er sich nicht rächen. Als die Männer unterwegs waren, konnten sie noch hoffen, ihren Korb zu füllen. Solange sie das glaubten, war der Pilz wertvoll. Sicher hat sich der Pilzesucher gefreut, als er ihn stehen sah, und eine Weile in atemloser Andacht verharrt: noch mehr davon, noch mehr! Als sich kein anderer finden ließ, wurde die Rache für all die anderen, die sich versteckt hatten, an dem einen Pilz vollzogen. Er war unschuldig, aber er symbolisierte die Schuldigen. Er war jetzt kein begehrenswerter Leckerbissen mehr, sondern ein Zeichen für eine feindliche Welt, das ausgelöscht werden musste.

Rache hängt mit seelischen Qualitäten zusammen, die man früher Ehre oder Stolz – in China »Gesicht« – nannte und heute unter dem Begriff des Narzissmus erforscht. Ehe die Pilzsucher mit einem kläglichen Fund heimkehren, ehe sie Spott oder Beschämung riskieren, zerstören sie lieber ihren Fund. Die kleine Lust, die auch ein Omelett mit einem einzigen Steinpilz verschaffen kann, wäre zwar vernünftig, aber sie würde den Stolz verletzen und noch einmal die Enttäuschung vergegenwärtigen. »Macht kaputt, was euch kaputt macht!«, sagt die Rache und kümmert sich nicht darum, wie viel an eigenen Bedürfnissen dem Versuch geopfert werden muss, eine Niederlage ungeschehen zu machen, sie aufzuheben, die Zeit rückgängig zu machen.

Wenn der Pilz zerstört ist, ist auch die Schmach zerstört, nicht mehr Pilze gefunden zu haben. Wenn ich die treulose Geliebte erschlage, ist es so, als ob ich sie nie kennengelernt hätte. Entweder alles oder nichts, entweder ganz oder gar nicht, entweder ist die Ehre rein, der Stolz ungebrochen, oder das Leben wertlos. In solchen Alternativen des Denkens und Fühlens bewegt sich die Rache. Wir betreten die seelische Welt des primitiven Narzissmus. Es ist eine Welt, in der sehr mächtige und oft unheimliche Kräfte wirken. Wir dachten, dass der Fortschritt von Zivilisation und Gesittung die Rache kraftlos machen würde. Wir haben uns getäuscht.

In den letzten 30 Jahren ist die Rache wieder salonfähig geworden. In Filmen (wie »Blue Steel«) übergibt die Polizistin nicht mehr den Verbrecher, den sie endlich gestellt hat, der Justiz, sondern erledigt ihn mit einigen wohlgezielten Schüssen. In anderen (»Ein Mann sieht rot«, »Kill Bill«) beginnt das Opfer eines brutalen Verbrechens einen Feldzug der Vergeltung.

Rache und Terror funktionieren augenblicklich. Sie arbeiten ähnlich wie die sofortige Wunscherfüllung des modernen Konsumenten: kaufe jetzt, zahle später, räche dich jetzt, denke später darüber nach. Die konsumgeprägte Rache befriedigt Aggressionen, die aus der Frustration individueller, narzisstischer Bedürfnisse entstehen. Das unterscheidet sie von der traditionsgebundenen Blutrache oder der Sitte, Beleidigungen in einem Duell zu rächen.

Damals ging es vor allem darum, einen ziemlich genau definierten, gesellschaftsschichtspezifischen Ehrbegriff zu verteidigen: die Satisfaktionsfähigkeit des Adeligen, des Gebildeten gegenüber der proletarischen Prügelei. Heute trifft die Rache wahllos den, der individuelle narzisstische Ansprüche nicht erfüllt. In der traditionellen Gesellschaft musste der Angehörige der Oberschicht lernen, stilvoll im Spiel zu verlieren. In der Moderne kann es vorkommen, dass ein frustrierter Zocker Amok läuft und – wie es vor einigen Jahren in den USA geschah – die Angestellten der Broker-Firma erschießt, die er für seine Verluste verantwortlich macht. Disziplinierte, z. B. juristische oder politische Konfliktlösungen sind umständlich und daher unbefriedigend. Ihre Fähigkeit, Ungerechtigkeiten zu verhindern, wird im Impuls zum Faustrecht verachtet. In allen Hollywoodfilmen, die das Rachethema bearbeiten, ist die Polizei entweder unfähig oder korrupt.

In der Literatur des 19. Jahrhunderts wurde das Rachethema unermüdlich aufgegriffen – ein Zeichen dafür, wie sehr die damals noch junge Einrichtung des Rechtsstaats die Gemüter beschäftigte. Karl May hat in seinen Beduinen-Romanen, von »Durch die Wüste« bis zum »Schut«, die Handlung am Thema verschiedener Blutrachen aufgefädelt und immer wieder die Pflicht des Christen, auf Rache zu verzichten, gegenüber der mohammedanischen Rachsüchtigkeit idealisiert. Alexandre Dumas beschrieb in »Der Graf von Monte Christo« die Entwicklung des naiven, harmlosen Seemanns Edmond Dantes. Unschuldig verurteilt, dem Egoismus falscher Freunde geopfert, seiner Ehre und seiner Braut beraubt, wandelt er sich durch Kerkerhaft und Schatzfund zum dämonischen Übermenschen, der seine Rache mehr genießt als seine neu gefundene Liebe. In das Urteil der populären Romanciers über die moralische Fragwürdigkeit und die selbstzerstörerischen Qualitäten der Rache mischt sich geheime Faszination.

Der Gegensatz zwischen heißer, jäher, sofortiger Rache und kalter, intrigant inszenierter und lange ausgekosteter Rache durchzieht die Werke von Karl May und Alexandre Dumas. Die Psychoanalyse des Narzissmus kann nur bestätigen, dass beide Typen auftreten und die kalte Variante sehr viel schwerer berechenbar und nachvollziehbar ist als die heiße. Sie nähert sich einerseits so hoch stehenden menschlichen Errungenschaften wie der Gerechtigkeit (auch die Justiz lässt es nicht zu, dass schwerste Verbrechen verjähren). Auf der anderen Seite widerspricht es dem Verständnis von Vernunft und Nächstenliebe, nach vielen Jahren den Mitmenschen eine Tat büßen zu lassen, über die er sich vielleicht schon längst hinausentwickelt hat, so dass ihn die Rache ebenso seiner Würde beraubt, wie einst die Tat, für die er sich nun rächen will.

Die Dynamik der Rache wurzelt in einem Dilemma der menschlichen Entwicklung. Die Natur hat, um die überlebensnotwendige Bindung zwischen Kind und Eltern zu stärken, eine hochbrisante Reaktion auf die Enttäuschung von Erwartungen an die Verlässlichkeit unserer Mitmenschen geschaffen. Wenn wir den schöpferischen Impuls der

Evolution in Sprache setzen, lautet er etwa so: Wir müssen unser Selbstwertgefühl mit allen Mitteln schützen und Zeichen setzen, die andere davon abhalten, uns zu verletzen. Das soziale Problem liegt in der absoluten Selbstbezogenheit der narzisstischen Wut. Im selbstbezogenen Erleben kann die Kränkung nur mit Blut abgewaschen werden, verleugnet wird, dass jede blutige Rache neue Rache und neue Kränkung in Gang setzt.

Wenn ein Baby schreit, kommt die Mutter und stillt es. Wenn sie nicht kommt, steigert sich das Schreien und wirkt auf den Beobachter wütend. Kommt die Mutter zu spät, kann es sein, dass das Baby in die Brust beißt oder die Brust verweigert. Es rächt sich für die Versagung. Sinn dieser Aktion ist, der Mutter zu verdeutlichen, dass sie sich nicht verspäten darf. Wenn die Mutter das versteht, wird die Entwicklung gut weitergehen, wenn sie aber mit Gegenkränkungen reagiert, absichtlich zu spät kommt oder die Brust verweigert, weil das Baby gebissen hat, entstehen Teufelskreise. »Die Brust ist böse, sie gibt mir nichts, ich muss sie mit den Zähnen festhalten.« ist die eine Position: »Das Kind ist böse, es beißt, ich gebe ihm die Brust nicht.« die Gegenposition.

Es scheint einfach, einen Ausweg zu finden: Das Baby beißt nicht mehr, die Mutter kommt rechtzeitig. Aber wer fängt an? Das Beispiel ist nur scheinbar harmlos, in der

Behandlung zerstrittener Paare gibt es ähnliche Probleme. »Ich würde nüchtern nach Hause kommen und freundlich mit dir reden, wenn du öfter mit mir schläfst«, sagt der Mann. »Ich würde öfter mit dir schlafen, wenn du nüchtern nach Hause kommst und freundlich mit mir redest«, sagt die Frau. Auch hier kennt jeder den Ausweg – und auch hier ist die knifflige Frage: Wer fängt damit an?

Sein Leben zu opfern für ein Ideal gilt als höchste moralische Leistung des Menschen. Aber diese Leistung wurzelt in denselben Mechanismen wie die Rache. Der Selbstmordterror, die bedrohlichste soziale Veränderung der Gegenwart, zeigt diese unheimliche Verwandtschaft. Die frühkindlichen Wurzeln der Rache machen sie so radikal, verbinden sie mit dem primitiven »alles oder nichts«. Wenn ein trotziger Dreijähriger, dessen Mutter partout nicht tut, was er will, Zünder und Dynamitstange bedienen könnte, würde er die Familie in die Luft sprengen. Wenn sie ihn ablenken oder beruhigen kann, ist er zehn Minuten später wieder der süßeste Engel.

Unter den Bedingungen, die unsere Psyche geprägt haben, ist das kein Problem. Die Eltern erkennen, wie wichtig es für die Kinder ist, ihren Willen, ihre Autonomie zu entwickeln. Die Kinder lernen, die überlegene Kraft und das überlegene Wissen der Eltern zu achten. Sprengstoffe und wirksame Mordwerkzeuge sind in unserem seelischen

Haushalt nicht vorgesehen. Unsere primitiven Affekte sind auf Fäuste und Zähne zugeschnitten.

Der Vergleich zwischen dem trotzigen Dreijährigen und einem Terroristen oder Amokläufer löst Unbehagen aus. Er hilft aber, die Bedeutung der Umwelt und der Gegenkräfte besser zu verstehen. Nach dem psychoanalytischen Modell ist nicht der Impuls zu blutiger Rache und Terror die Ursache für die zerstörerische Aktion, sondern der Mangel an Gegenkräften bzw. die Überforderung der menschlichen Gesellschaft durch neue technische Mittel. Das erklärt auch, weshalb es unter extrem kränkenden und entwürdigenden Lebensumständen, unterstützt durch eine fanatische Propaganda, in Palästina gegenwärtig zu einer normalen Phantasie von Kindern und Jugendlichen geworden ist, sich in die Luft zu sprengen, um Kinder und Frauen ebenso zu töten wie feindliche Soldaten.

Wer von narzisstischer Wut besessen ist, kann nicht mehr differenzieren. Alles wird Symbol für das Gehasste. Die Rache kann gar nicht groß und zerstörerisch genug sein. Wenn die Gegenkräfte schwinden, der Glauben an Gerechtigkeit, die Einsicht in die goldene Regel der Ethik (»Was du nichts willst, dass man dir tu…«), dann tritt die archaische Rache wieder an die Oberfläche. Jede kalte Rache verbindet

sich mit den technischen Möglichkeiten der Zeit und stellt sie in ihren Dienst. Der moderne Terror ist aus der Verbindung von Massenmedien und Dynamit entstanden. Er ist seinem Wesen nach maßlos, die Angst, dass Terroristen eine Atombombe zünden, ist zu Zeiten des Selbstmordterrorismus realistischer geworden. Dass Terror entstehen konnte, hängt mit der menschlichen Ur-Sehnsucht nach dem Paradies, dem Leben ohne Kränkungen und – wenn dieses Leben denn schon nicht möglich ist – der Zurückgabe jeder Kränkung an den Urheber zusammen. Im islamistischen Terror sind beide Sehnsüchte konzentriert und verbinden sich mit moderner Technologie. Die Täter rächen sich an den Gottlosen, deren Übermacht sie beschämt, und erringen durch diesen Schritt einen Platz im Paradies.

Wie mächtig die Rache auch in den erhabensten Einrichtungen des Rechtsstaates geblieben ist, zeigt die Vorstellung einer »gerechten Strafe«, welche einen Täter auch dann trifft, wenn sich sein Opfer bereits mit ihm geeinigt hat oder eine Strafe gar nicht wünscht. Der Staat tritt hier als Rächer auf, verfolgt und bestraft Taten, die von ihm erlassene Gesetze verletzt haben. Er ist in diesem Streben kaum leichter zu Milde, Einsicht oder Nachgiebigkeit zu bewegen als der korsische Bluträcher. Immer wieder haben Rechtsphilosophen versucht, diesen staatlichen Rachedurst zu zügeln und ein reformiertes Strafrecht allein auf den Schutz der Gesellschaft vor den Tätern zu gründen. Aber diese Vorgabe widerspricht dem Empfinden großer Mehrheiten der Bevölkerung und konnte sich deshalb nicht durchsetzen.

Rat

Als ich mich scheiden lassen wollte, musste ich es meiner Mutter sagen. Sie riet mir energisch ab. Wer heiratet, muss sich vorher überlegen, auf was er sich einlässt. Es geht nicht an, eine Ehe aufzulösen. »Du musst dich zusammennehmen und die Sache durchstehen!«

Als ob ich mir das nicht selbst schon hundertmal gesagt hätte! Es ging mir auf die Nerven. Ich hatte genug Probleme. Ein Psychologe soll sich nicht scheiden lassen. Wozu ist er Experte für die Lösung emotionaler Konflikte? Schließlich sagte ich gereizt: »Du hast ja keine Ahnung. Wie lange warst du eigentlich verheiratet? Wie lange hast du mit Vater zusammengelebt? Ich habe eine doppelt so lange Eheerfahrung. Also rede mir nicht rein!«

Ihre Reaktion rechne ich ihr noch heute hoch an. Sie überlegte und sagte nachdenklich: »Eigentlich hast du recht. Ich habe wirklich nicht viel Erfahrung damit.« Meine Eltern haben 1938 geheiratet, 1939 wurde mein Vater eingezogen, 1944 ist er gefallen. Meine Mutter hat nicht mehr geheiratet.

Wer sich beruflich damit beschäftigt, was alles in Beziehungen scheitern kann, kommt nicht darum herum, sich über die eigene Elternbeziehung Gedanken zu machen. Eine Gelegenheit dazu ist die Selbstanalyse. Aber damals war ich jung und suchte in mir oft nach dem, was die Theorie erwarten ließ. Heute glaube ich, dass ich am meisten aus dem ständigen Vergleich zwischen meiner eigenen Entwicklung und der meiner Patienten gelernt habe.

Je länger ich zuhörte und abwechselnd auf mich und auf andere schaute, desto besser konnte ich auf jene festen Vorstellungen über die richtige Beziehung und die gute Ehe verzichten, die mich an meiner Mutter empört hatten, von denen ich selbst aber auch alles andere als frei war. Wichtiger für zwischenmenschliche Beziehungen wurde mir etwas wie ein freier Raum, in dem nicht Werte gesetzt, sondern Geschichten erzählt werden. Wir meinen viel zu oft, Gutes zu tun, wenn wir unser Gegenüber mit Werturteilen ausstatten, meist ohne uns zu fragen, ob der Beratene nicht schon (zu) viele verschiedene Meinungen gehört hat.

Die Reaktion meiner Mutter auf meinen Protest ist ein

Beispiel für diese Offenheit. Ich hatte ihr die Rolle des Sohnes verweigert und mich als Erwachsener in die Brust geworfen. Sie überlegte vielleicht kurz, ob sie sich auch in die Brust werfen, auf ihrem höheren Alter beharren sollte. Dann ließ sie es sein. Der Junge sollte auch einmal recht haben. Sein Argument konnte stehen bleiben.

Kinder sind selten so, wie sie sich ihre Eltern gewünscht haben – und Eltern ebenso wenig so, wie sie sich Kinder wünschen. Aber die Menschheit würde aussterben, wenn wir die Illusion vollständig aufgeben müssten, dass doch etwas von dem, was uns kostbar ist, in unseren Kindern weiterlebt. Die schwindende Bereitschaft, Kinder zu bekommen, hängt sicher auch zum Teil damit zusammen, dass uns die Aussichtslosigkeit von Erwartungen, genau die richtigen Kinder zu haben, deutlicher geworden ist.

So denkt der Vater, der sich Gymnasium und Studium erkämpfen musste, sein Sohn wäre glücklich und dankbar, wenn er ihm den Weg in eine akademische Laufbahn ebnet. Aber der Sohn zieht es vor, sich als Punk zu gebärden und nicht auf seine Noten, sondern seine Piercings stolz zu sein. Die Werte eines Aufsteigers und eines Punks sind unvereinbar. Wenn jetzt der Vater darauf beharrt, seinem Sohn zu sagen, was richtig ist – und der Sohn umgekehrt den Vater ignoriert oder als Spießer entwertet, dann scheitert die Beziehung zwischen beiden.

Sie haben keinen Raum gefunden, in dem sie Werte zurückstellen und sich gegenseitig Geschichten erzählen können. Denn einen Punk im Haus zu haben, der aus seinem Leben erzählt, kann sehr interessant sein – ebenso wie es das Leben eines Aufsteigers ist, der sich mit diversen Jobs jenes Studium finanzierte, das der Punk gänzlich unattraktiv findet.

Ein beliebtes Sprichwort behauptet, Kinder seien Gäste, die uns nach dem Weg fragen. Auf die realen Konflikte der Elternschaft bereiten uns solche schönen Sätze wenig vor. Und wenn sie uns gar nicht fragen? Sollen wir mit unserem/ihrem Weg hinter ihnen herlaufen, wie mit einem vergessenen Pausebrot? Und was passiert, wenn wir den Weg gar nicht wissen? Denn genau das dürfte viel öfter der Fall sein, als wir es uns träumen lassen.

Als ich beispielsweise fertig studiert hatte, fürchtete ich mich vor allem vor einem: dass ich zu schnell in eine feste Anstellung geraten könnte. Aus diesem Grund beschloss ich, nach Italien zu gehen und zu schreiben. Angesichts der Probleme meiner Kinder, ihren Platz in der Arbeitswelt zu finden, rate ich eifrig zu festen Anstellungen. Aber ich habe davon im Grunde noch weniger Ahnung als meine Mutter von der Ehe.

Wir alle raten meist nicht, weil wir wirklich besser Bescheid wissen, und sehr häufig sagen wir im Streben nach gutem Rat Dinge, die unser (rat)geschlagenes Opfer längst weiß.

Wenn uns aber ein Mensch wichtig ist und uns an einem tieferen Kontakt etwas liegt, dann ist guter Rat nicht mehr so billig. Er kostet ein wenig Sensibilität, Mühe um Kreativität, Verzicht auf das vorschnelle Urteil. Vielleicht sollten wir lieber schweigen, als auf vorgefertigte Argumente zurückzugreifen. Oder wir warten, bis uns eine Geschichte einfällt.

Realitätsflucht

Fast allen Menschen zwischen 8 und 80 Jahren, die sich für Gandalf, Aragorn, Frodo Beutlin und Harry Potter begeistern, ist einmal gepredigt worden, dass hinter den Eltern und den übrigen Autoritäten etwas Göttliches ist, das ihre Geschicke lenkt und letztlich doch eine schützende Hand über den Menschen hält. Aber es muss auch etwas geben, das die Geschichten von Gottes Allmacht und der Erlösung des Menschen durch das Leid seines Sohnes verblassen lässt.

Wer verbringt heute eine schlaflose Nacht, weil er am nächsten Morgen zum ersten Mal an einem christlichen Ritual teilnehmen darf? Die Potter-Neuausgabe, der neue Streifen der Herr der Ringe-Trilogie wecken solche Leidenschaften. Das ist die einzige Magie, die es wirklich im Hogwarts-Express und in Lothlorien gibt, aber sie ist wichtig genug.

Nicht nur die Heiligen aus Stein, die eine Brücke bewachen oder am Eingang eines Doms stehen, verwittern im Lauf der Jahre. Auch unser Glaube an sie ermüdet und schleift sich ab. In zu vielen Situationen haben wir sie angerufen, und sie haben nicht geholfen. Zu oft hat das Böse über das Gute gesiegt. Und wie in modernen Zeiten, in denen so viele aggressive Schadstoffe in der Luft zirkulieren, dass die Heiligen aus Stein besonders schnell verschleißen, so ergeht es auch den Heilslehren.

Längst gibt es neben den traditionellen, den religiösen, eine unendliche Fülle neuer Religionen, Lebens- und Glaubenslehren. Mindestens 200 verschiedene »Schulen« der Psychotherapie und noch viel mehr esoterische Heillehren bieten heute Lebenshilfe und konkurrieren um die unersättlichen Bedürfnisse nach Spiritualität.

In der Fantasy-Literatur wird dem christlichen Thema

der Erlösung durch Leidensbereitschaft eine neue Variante abgewonnen. Harry Potter ebenso wie Frodo haben Anteil an dem, was Forscher einmal den Masochismus des Helden genannt haben. Er ist im Christentum universell. Wenn der Held sich verliebt, lebt die Geliebte nur so lange, bis sie ihm die Gelegenheit schenkt, ihren Tod in endloser Suche nach dem Bösewicht zu rächen. Old Shatterhand verliert seine schöne Indianerin und muss alle Reichtümer liegen lassen. Supermans Alter Ego Clark Kent muss jede Menge Demütigungen einstecken.

Harry Potter verlor seine Eltern im Kampf gegen das Böse und muss die Ferien bei sadistischen Stiefeltern verbringen. Frodo erbt den Ring der Macht, wird seinetwegen verfolgt und zweimal fast tödlich verwundet.

So steckt in beiden Helden eine triviale Christologie. Was sie von Jesus unterscheidet, ist nicht die Leidensbereitschaft und der Wille zum Guten, sondern die Schöpfung einer Welt, in der Feindesliebe keinen Platz hat. Sauron, die Orks und ihre grausamen Verbündeten in Mittelerde gehören ebenso ausgelöscht wie die rassistischen Zauberer um Lord Voldemort. Mir fällt die Wandkritzelei ein, die ich an einer Brücke las: »Tötet alle Nazis!«

Weil Harry ein Kind ist und Frodo ein ländlicher Hobbit, der erst allmählich ein paar Bruchstücke der Elbensprache erlernt, übernehmen diese Helden eine wichtige

Funktion. Wir können uns mit ihnen identifizieren und – schnell wissender als sie – in die Phantasiewelt eindringen, deren liebevolle Ausgestaltung den Kern der Anziehung von J.K. Rowling wie von J.R.R. Tolkien ausmacht. Diese Helden sind weniger Vorbild als Vehikel: Sie führen die von ihnen Begeisterten in eine Welt, die sich über den Alltag erhebt.

In Hamlets Monolog »Sein oder Nichtsein« entscheidet sich der Held zum Weiterleben in der Realität, weil er die Träume fürchtet, die ihn im Jenseits befallen könnten. Die Konsumenten der Fantasy-Literatur haben eher Sorge, sie könnten aus ihren Träumen zu schnell erwachen. Neue Helden werden Frodo Beutlin und Harry Potter in neue magische Bezirke folgen. Und wir werden sie vermutlich wieder begleiten.

Rechthaberei

Jüngst sind wir ihr wieder begegnet, der Phrase »aus dem Zusammenhang gerissen«, als sich die Muslime über ein historisches Zitat beklagten, das zufällig die Entwertung Mohammeds durch seine christlichen Gegner bestätigte:

Wir stehen für Liebe und Frieden, du aber für Hass und Gewalt. Nun ja, wenn ein Papst einen byzantinischen Kaiser sprechen lässt, liegt doch der Gedanke nahe, dass er auch selbst so sprechen könnte. In der Tat sind die Muslime auf diesen Gedanken gekommen. Die ganze Rede freilich wandte sich gegen Gewalt, gegen die Bekehrung mit Feuer und Schwert, welche die Christen so gerne als mohammedanisches Credo anprangern, um ihre eigene Geschichte blutiger Kreuzzüge, erzwungener Taufen und heiliger Inquisitionen zu verleugnen.

Beide Seiten, Christen wie Muslime, könnten in den eigenen Traditionen fündig werden, wenn sie Beispiele suchen für das Unheil des erzwungenen Glaubens und der Gewalt im Umgang mit dem Mitmenschen. Das Beispiel beim jeweils anderen zu suchen, bringt immer die Gefahr mit sich, einen Zusammenhang zu zerreißen. Aber was heißt das eigentlich, »etwas aus dem Zusammenhang reißen«?

Wenn wir etwas sagen, wollen wir verstanden werden. Aber wir müssen auch damit rechnen, dass unser Gedankenfeld ein anderes kreuzt, schneidet, zerreißt. Unser Gesprächspartner wird dann aus unserem Gedankenfeld das herausgreifen, wovon er sich verletzt fühlt, und wir werden uns damit auseinandersetzen müssen, dass wir nicht so verstanden wurden, wie wir es meinten.

In Zeiten der Globalisierung hat sich diese Gefahr multipliziert. Heute hören nicht nur die zu, welche das eigene Gedankenfeld teilen, die eigene Rede wohlwollend aufnehmen, sondern auch andere, welche sich plötzlich gekränkt und verletzt fühlen – und deren feindliche Reaktion, deren krasses Missverstehen nun wiederum die empört, welche doch ganz unschuldig nur ihre Gedanken ausbreiten wollten.

Daher finde ich die Äußerung des Papstes harmlos, sie zeigt, dass er nicht viel über die Empfindungen von Muslimen nachgedacht hat. Das ist schließlich auch nicht seine Aufgabe. Was mich verwundert, ist sein Zögern, sich zu entschuldigen, als klar wurde, dass er Gefühle verletzt hatte und missverstanden worden war. Die globalisierte Welt, in der sich so viele Gedanken- und Glaubenswelten kreuzen, kann gar nicht so viel Vorsicht erzeugen, dass solche Verletzungen niemals vorkommen. Aber wir sollten bereit sein, uns sogleich zu entschuldigen, wenn wir bemerken, dass unsere subjektiv gute Absicht einen anderen verletzt hat.

Rechthaberei passt nicht mehr in eine Welt, die so unübersichtlich geworden ist, dass auch der größte Geist sie nicht in allen Einzelheiten erkennt. Wir müssen sie durch Fehlerfreundlichkeit ersetzen: Erst wenn wir uns interkulturell irren dürfen und aus den Rückmeldungen über unsere Irrtümer lernen, entsteht ein Dialog. Primitive Rechthaberei lässt mich sagen: »Ich entschuldige mich doch nur, wenn ich einen Fehler gemacht habe. Ich habe aber keinen Fehler gemacht, der Fehler liegt bei dem, der mich nicht versteht und mir die Worte im Mund umdreht!« Aber damit kommen wir nicht ins Gespräch.

Gerade wenn ich subjektiv sicher bin, nur Gutes gewollt zu haben, ist doch die Information kostbar, dass ich damit meine Gesprächspartner nicht erreichen konnte. Das zu bedauern, daraus zu lernen, es beim nächsten Mal besser zu machen, führt den Dialog weiter. Auf seinem Recht zu beharren und die eigene gute Absicht gebetsmühlenhaft zu wiederholen, vertieft bei dem Gegenüber den Eindruck, dass er nicht ernst genommen wird und führt zur Eskalation.

Aber darf ich nicht wenigstens denken, dass ich eigentlich im Recht bin und mein Kontrahent übermäßig empfindlich ist? Die Gedanken sind frei, aber es stärkt keines Menschen Kränkungsverarbeitung, wenn wir ihm vorwerfen, er sei zu schnell beleidigt. Gefordert ist eher unser Verständnis für diese Tatsache.

Angesichts des Gewaltproblems in den Weltreligionen ist die große Gemeinschaft der friedlichen und frommen Muslime heute in ihrer Kränkungsverarbeitung extrem gefordert. Sie steht an der Grenze ihrer Belastbarkeit. Nicht-Muslime haben »nur« Angst vor dem islamistischen Terror. Muslime aber müssen verarbeiten, dass ihre höchsten Werte missbraucht, ihre Gemeinschaft belastet und im Namen des Koran unschuldiges Blut vergossen wird. Dass sie in diesem Verarbeitungsprozess keine christliche Geringschätzung vertragen können, sollte jeder verstehen, der sich nicht nur in eigene, sondern auch in fremde Kränkungen einzufühlen vermag.

Zuletzt will ich noch eine intellektuelle Kränkung angesichts der Gewaltdebatte eines großen Würdenträgers anmelden: Warum wird nicht erwähnt, was seit langem als strukturelle Gewalt in den Gesellschaftswissenschaften diskutiert wird?

Religiöse Psychotherapie

Mischungen sind interessant. Manches wird durch sie erst liebenswert oder aber genießbar. In anderen Fällen verliert durch die Mischung jede der beiden Komponenten ihren Wert. Wir haben gerne Heizöl im Tank und sauberes

Wasser in der Leitung, aber ein Tropfen Heizöl reicht, um 1.000 Liter Wasser ungenießbar zu machen.

Große soziale Bewegungen basieren oft auf dem Kampf gegen Vermischungen, für eine reine Lehre. Luther und andere Reformatoren verstanden sich ebenso wie die Zeugen Jehovas oder die Fundamentalisten des Islam als Träger einer reinen Lehre, die sie als Gottes Wort gegen die niederen Beimischungen verteidigen wollten, welche auf dem Weg von den Quellen des Evangeliums oder des Korans durch menschliche Gier und Machtlust in sie geraten waren.

Dem Skeptiker wird bald auffallen, dass es hier nicht um den Kampf zwischen dem »Reinen« und dem »Vermischten« geht. Genauer betrachtet ist – außer in der Chemie – häufig gemischt, was als rein ausgegeben wird. Auf allen Ebenen von Wahrnehmung begegnen wird der Notwendigkeit, Teile der Realität auszublenden, um die Welt für uns fassbar zu machen. Wir zwingen ihr unsere Prägung auf. Ein Psychotherapeut, der doch oft von sich glaubt, einen rational und wissenschaftlich fundierten Beruf auszuüben, arbeitet ständig mit den wildesten Mischungen. Er wird von den Hilfesuchenden als Elterngestalt, als Arzt, als Lehrer oder als Priester erlebt, manchmal auch als Bösewicht, Verführer und Versager. Die Theorien, auf die er sich stützt, sind immer Mischungen aus Fiktion und Fakt, manches ist nachgeprüft, vieles nicht; dann greifen die Regeln der Berufsethik, des gesunden Menschenverstandes, des eigenen gesellschaftlichen Hintergrunds – wiederum alles bunte Mischungen aus den verschiedensten Einflüssen.

Aber gerade deshalb sollten wir es möglichst vermeiden, den unvermeidlichen Mischungen vermeidbare aufzupfropfen. In der Medizin gibt es die gute Regel, dass ein Leiden, das mit einem Medikament behandelt werden kann, nicht ohne Notwendigkeit mit einer Kombination behandelt werden soll. Der Grund leuchtet ein: Wenn die Behandlung misslingt, wissen wir bei einer Kombination nicht, an welcher Komponente es gelegen hat. Bei einem reinen Präparat lässt sich das klären.

Aus ebendiesem Grund bin ich auch gegen Kombinationen, die zum Beispiel als religiöse Psychotherapie auftreten. Es wird ihnen zugeschrieben, dass sie die positiven Kräfte des Glaubens mobilisieren und deshalb schneller wirken als die reine Psychotherapie. Bewiesen sei das durch den Eindruck der religiösen Therapeuten selbst bzw. durch den Zulauf, den sie für diese Angebote finden.

Kein vernünftiger Mensch wird behaupten, dass Psychotherapie immer nützt. Die Aufklärung darüber, warum sie diesmal nicht oder nur ungenügend geholfen hat, bringt dem Kranken nicht viel, ist aber doch das Beste, was wir ihm in dieser Situation geben können.

Unser Scheitern lässt sich genauer und damit hoffnungsvoller untersuchen, wenn wir nur eine Therapie ausprobiert haben und nicht ein Potpourri aus den verschiedensten Methoden, durch das dem Kranken nach wenigen Wochen klar ist, dass ihm weder Verhaltenstherapie, noch Gestalttherapie, Bioenergetik, Tiefenpsychologie und Psychoanalyse helfen können, die ihm der vermeintliche Helfer allesamt in flinker Kombination hat angedeihen lassen.

Daher wende ich mich gegen religiöse oder spirituelle Methoden in der Psychotherapie: Wenn sie scheitert, muss der Kranke nicht nur das Versagen von Erwartungen verarbeiten, die er an die Dienste eines Experten gerichtet hat. Sondern er muss sich auch mit Zweifeln plagen, ob sein Glaube zu schwach oder der Teufel in ihm zu stark sei.

Wer in zwischenmenschlichen Bereichen Konflikte klären will, sollte darauf achten, dass seine Macht begrenzt bleibt und er sich vor der Verblendung des Löwen der Fabel hütet, der über seinen Anteil an der Beute das Los werfen lässt, es aber zu seinen Gunsten deutet: Bei Kopf gewinne ich, bei Zahl verlierst du! Daher fürchte ich auch, dass der religiöse Therapeut gerade in dem Bestreben, das Beste, das Idealisierte, seinen Glauben, in seinen Beruf einzubringen, den kritischen Abstand verliert.

»Röntgenblicke«

Wenn die Tischnachbarin erfährt, dass der Gastgeber sie neben einen Psychologen gesetzt hat, gibt sie vor zu erschrecken oder erschrickt vielleicht sogar wirklich: »Sie mit Ihrem Röntgenblick, da muss ich ja aufpassen, was ich sage!« Es ist ein müder Scherz, der beim Psychologen eine gewisse Verlegenheit auslöst, die er vielleicht mit einem nicht weniger verschlafenen »Bin nicht im Dienst« oder »Röntgenblick wird nur für 80 Euro die Stunde eingeschaltet« quittiert.

Aber schlechte Scherze führen zu guten Fragen. Psychologie ist als Studienfach sehr beliebt und stellt höchste Numerus-clausus-Anforderungen. Psychologinnen und Psychologen, die dieses Studium bewältigt haben, wecken aber nicht nur Respekt, sondern auch Misstrauen, das manchmal in unverhohlene Ablehnung mündet.

»Pissicologia« taufte ein italienischer Gesprächspartner die von mir geschätzte Wissenschaft, vom »Seelenklempner« ist in Deutschland, vom »Shrink« (dem »Schrumpfer«, nach der Gewohnheit südamerikanischer Indianer, die Schädel ihrer Feinde in winzige Schrumpfköpfe zu verwandeln) in den USA die Rede. Hollywoodstreifen zeigen den Psychologen oder die Psychologin oft als ausgesprochen heimtückische Personen.

Die tapferen Cops der Krimiserien fühlen sich gedemütigt, wenn sie – statt zur nächsten Aktion zu schreiten – erst einmal zum Psychologen bestellt werden, der untersuchen soll, ob sie noch tauglich sind für den Dienst mit der Waffe. Der deutsche Alkoholiker, der zum Psychologen muss, wenn er seinen Führerschein wiederhaben will, nickt verständnisvoll. Psychologen sind Weiber und haben keine Ahnung vom kernigen Mann.

Nach dem Rechtsgrundsatz »My home is my castle« bestimmt der Besitzer einer Wohnung, wer sich darin aufhalten darf. Nur ein Gerichtsbeschluss kann diese Unverletzlichkeit der Privatsphäre aufheben. Und da soll ich dem Psychologen erlauben, ohne meine Einladung in etwas noch viel Intimeres einzudringen und sich dort breitzumachen: in mein Erleben, in die Art, wie ich mich selbst verstehe und bewerte?

Je älter ich mit der Psychologie werde, desto vorsichtiger bin ich auch geworden. Ich glaube inzwischen, dass wir verlässliche Einsichten nur dort gewinnen können, wo wir uns mit dem Gegenstand unserer Forschung verständigt und geeinigt haben. Das heißt auch, dass es den »Röntgenblick« nur dann gibt, wenn zwei Menschen beschließen, ihn nicht nur anzuwenden, sondern ihn auch zuzulassen.

Mich suchte einmal eine Frau mit heftigen, nach Ansicht der Neurologen seelisch ausgelösten Kopfschmerzen auf. Neben der Migräne litt sie auch an panischen Ängsten, ihr Mann könne an einem Unfall sterben. Sie fragte mich schuldbewusst, ob diese Ängste unbewusste Todeswünsche gegen ihren Partner ausdrücken könnten, das hätte ihr ein psychologisch interessierter Bekannter gesagt.

Ich wich aus und versuchte zu beruhigen: Solche Ängste könnten viele Ursachen haben, die wir gemeinsam herausfinden würden. Um eine längere Geschichte kurz zu machen: Die Kopfschmerzen verschwanden, nachdem die Patientin ihre unbewusste Wut gegen ihren Mann bearbeitet hatte. Am Ende der Therapie sagte sie zu mir: »Übrigens, was die Ängste anging, mein Mann könnte verunglücken, da hatten sie Unrecht – es waren Todeswünsche!«

Solche Niederlagen nehme ich gern in Kauf. Der Psychologe kann eine gute Rolle in der Gesellschaft nur dann finden, wenn er gegen seine eigenen Machtansprüche skeptisch bleibt, besser zu wissen, was andere bewegt, als es diese selbst tun. Daher handeln auch Richter weise, wenn sie dem sogenannten »Lügendetektor« misstrauen. Die Öffentlichkeit tut gut daran, allen Untersuchungen zweifelnd zu begegnen, welche verraten sollen, ob jemand lügt oder die Wahrheit sagt.

Fragebögen, das wissen wir längst, messen nicht die seelischen Regungen, nach denen sie fragen. Sie geben Auskunft über das, wovon die Befragten glauben, dass sie es in ihrer Psyche haben sollten. Daher werden beispielsweise nur wenige Deutsche zugeben, dass sie rassistische Vorurteile hegen. Denn sie wissen, dass ein »guter« Mensch diese nicht hat, und wer will kein guter Mensch sein?

So haben die Forscher begonnen, »verborgene« Vorurteile aufzudecken, indem sie die Reaktionszeiten auf kritische Fragen messen. Ein Team um die Harvard-Psychologin Mahzarin Banaji hat entsprechende Tests sogar ins Internet gestellt. Demnach haben dreiviertel der Menschen, die im Fragebogen solche Vorurteile bestreiten, dennoch unbewusste Vorbehalte gegen Juden, Schwarze, Dicke, Homosexuelle. Dem Test zufolge hat sogar fast die Hälfte aller Schwarzen Vorurteile gegen Schwarze.

Aber sagen solche Zahlen wirklich mehr über das Innenleben der politisch korrekten Zeitgenossen? Was bedeutet es, wenn jemand 800 statt 400 Millisekunden braucht, um schwarze Gesichter mit positiven Begriffen zu verbinden? Wenn jemand weniger lächelt, wenn er Schwarze sieht und ihnen weniger Privates erzählt?

»Lügentests« messen nicht, ob jemand sich oder andere belügt. Sie messen nur, was sie messen. Das sind Korrelate der emotionalen Spannung, des Zögerns in der Reaktion, die gedeutet werden, meist ohne die Einwilligung der Betroffenen zu suchen. Dank seines »Röntgenauges« weiß es der Psychologe besser. Natürlich, nach innen ist dieses »Röntgenauge« trüb, sonst würde ihm der Aberwitz auffallen, von so simplen Messungen zu erwarten, dass sie Sinnvolles zu etwas so Komplexem wie menschlicher Wahrhaftigkeit sagen sollen.

Ich vermute, dass solche Tests mehr über die Psyche der Tester und Testentwickler sagen als über die Getesteten. Vorurteile funktionieren nicht nach einem Schwarz-Weiß-Schema, wie es die ideologische Brille der Tester nahelegt. Wenn wir durch den Schleier dringen wollen, welche das Bedürfnis nach Würde und Selbstbestimmung über unser Inneres legt, dann müssen wir ihn zuerst einmal respektieren.

Rückzug

Wer Tiere und Menschen beobachtet, wird irgendwann einmal den Rückzug entdecken und sich fragen, weshalb er so unterschätzt wird. Wenn eine Katze durch meinen Garten streicht, bildet ihre Spur ein Muster zwischen Annäherung und Rückzug.

Augenblicklich nähere ich mit dem Thema des Rückzugs, aber nach einer halben Stunde, einer Stunde, je nachdem, wie lange ich meine Konzentration halten kann, werde ich bemerken, dass ich mich von ihm zurückziehe, das Thema loslassen, etwas anderes tun will. Diese Möglichkeit des Rückzugs ist das wichtigste Element der Freiheit. Tiere werden gefährlich, wenn ihnen der Rückzug abgeschnitten ist. Muttertiere, ob Bär oder Bache, sind aggressiv, weil sie sich durch die Bindung an das Jungtier in ihren Rückzugsmöglichkeiten beschnitten fühlen.

Zur menschlichen Kulturentwicklung gehört der schrittweise Verlust von Rückzugsmöglichkeiten. Auf der altsteinzeitlichen Stufe konnte der Rückzug noch bleiben, was er in der Evolution der Säugetiere geworden war: die übliche Form des Umgangs mit Eindrücken, die Angst oder Wut wecken. Jäger und Sammler lösten die meisten Konflikte durch Rückzug.

Wer in einem der von Sippenverbänden und Großfamilien besiedelten Lagerplätze mit den Nachbarn Streit hatte, zog einfach weiter an einen anderen Ort, zu einem anderen Lagerplatz.

Erleichtert wird diese elegante Lösung durch die Tatsache, dass auf dieser Kulturstufe Besitz buchstäblich Bürde ist: Jeder kann nur so viel besitzen, wie er (seine Frau, seine Kinder) bereit ist zu tragen. Diese mühelose und kostengünstige Konfliktlösung realisiert den Mythos vom goldenen Zeitalter, als die Menschen in Frieden lebten von dem, das die Natur ihnen schenkte.

Muss ich zu diesem Familienfest? Soll ich aufstehen? Ich will den Lehrer, der mir eine schlechte Note gegeben hat, nie wieder sehen, nie wieder etwas mit ihm zu tun haben. Und warum kann ich das defekte Auto nicht einfach stehen lassen, sondern muss mich noch darum kümmern, dass es repariert oder verschrottet wird?

Seit der neolithischen Revolution, seit der Entwicklung von Viehzucht, Ackerbau, Städtegründung, Krieg und Gesetz, lebt der Mensch in einem Zustand der latenten seelischen Überforderung, welche durch den starren Rahmen traditioneller Kulturen gebändigt wurde. Seit bürgerliche Revolution und Individualisierungsprozesse auch diesen Halt auflösen, wird diese Überforderung manifest, deshalb ist auch im Zusammenhang mit diesen Veränderungen bei

Rousseau zum ersten Mal der Gedanke vom »glücklichen Wilden« aufgetaucht.

Bei wehrhaften Säugetieren gibt es hoch entwickelte (und von Menschen oft falsch interpretierte) Drohrituale. Von unserem Gefühl her werden der wütend bellende, knurrende, zähnefletschende Hund, der stampfende, zähnebleckende und auf die Brust trommelnde Gorilla sofort zum Angriff übergehen – in Wahrheit aber streben sie nur danach, uns dazu zu bewegen, dass wir uns zurückziehen. Drohungen sind nur selten Ausdruck einer real geplanten Aggression. Sie sollen im Gegenteil diese und deren Risiken ersparen und einen Rückzug einleiten.

Wer sich zurückzieht, muss in Ruhe gelassen werden. Wenn ich den Fliehenden verfolge, kann ich doch noch Schaden erleiden. Denn sobald es mir gelingt, ihm die Rückzugsmöglichkeiten abzuschneiden, wird er kämpfen. »Fight like a cornered rat« sagt das englische Sprichwort. Auch ein so fluchtbereites Tier wie die Ratte wendet sich zum Angriff, wenn es keine Fluchtmöglichkeiten sieht. Sie droht nicht, sie beißt.

Von den Griechen der Antike wird berichtet, dass Kolonisten, wenn sie an einer Küste gelandet waren, ihre Schiffe verbrannten, um die Sehnsucht nach der Heimkehr zu bekämpfen. Das ist eine typische Sitte einer agrarischen, kriegerischen, konkurrenzorientierten Kultur.

Bei den Jägern kann jeder Krieger jederzeit entscheiden, ob er einen mühevollen Zug gegen den Feind fortsetzt oder lieber umkehrt. Diese Entscheidung wird in den militärischen Traditionen der Städtebauer mit Todesurteilen gegen Deserteure bekämpft.

Wir können, wenn uns klar ist, dass die Rückzugsneigung aus einer angstbesetzten Situation universell ist, viel geduldiger Verhandlungen anbieten und Kompromisse suchen, welche dem Gegner das Gefühl einer Niederlage ersparen. Wer seine narzisstische Wut in einen Konflikt projiziert, ist überzeugt, dass maximale Durchsetzung die beste Strategie ist. »Bedingungslose Kapitulation!« Viel Kraft, Zeit und Blut können gespart werden, wenn wir einem Feind helfen, sich ehrenvoll und geordnet zurückzuziehen. Wer das kann, wird viel Streit vermeiden und immer wieder einen gelassenen Umgang mit eigenen Racheimpulsen üben.

Ruhe bewahren

Als meine älteste Tochter zehn Jahre alt war, rang sie es den besorgten Eltern ab, in Eigeninitiative mit öffentlichen Verkehrsmitteln ihre Freundinnen in der Stadt zu besuchen. Eines Abends kam sie zornig nach Hause. In der S-Bahn hatte sie eine ältere Münchnerin mütterlich angesprochen: »Mei, Madl, host du koa Angst? Du bist ja no so spat unterwegs! Ja woasst du net, was dir da ois passiern kann!«

An diese Szene muss ich denken, wenn ich die Versuche der Politiker verfolge, ihre Bürger in Seelendingen zu beraten. Da hatte ein kluges und selbstständiges Mädchen ungestört seine Ziele verfolgt. Aber dieser Anblick weckte in der Ratgeberin Unruhe, die sie nicht anders zu beheben wusste, als sich angstmachend einzumischen.

Wenn ich die Absicht hätte, in einem Saal voller Menschen Verwirrung zu stiften, würde ich laut schreien: »Keine Panik!« Ich dürfte sicher sein, dass viele der Zuhörer angesichts der Aufforderung, keine Angst zu haben, erst recht Angst bekommen. Sie haben nicht aufgepasst, sie haben eine Gefahr übersehen, sie haben die Welt nicht mehr im Griff – das sind die Situationen, die Ängste mobilisieren. »Keine Panik« ist ein hervorragender Angstmacher. Wer in Panik ist, lässt sich so nicht beruhigen, wer noch ruhig ist, überlegt sich, ob er eine Gelegenheit zur Angst verpasst hat.

Als es oben schon brannte, tönte in einem der unteren Stockwerken des World Trade Center noch die Lautsprecheransage: »Bewahren Sie Ruhe. Bleiben Sie, wo Sie sind.« Wie viel vernünftiger wäre es, in einer solchen Situation zu sagen: »Es gab eine Explosion. Wir wissen nicht, woran wir sind. Wir informieren Sie, wenn wir mehr wissen.« Dann werden die Hörer nicht gegängelt, sondern informiert, dann können sie ihre eigenen Schlüsse ziehen.

Im Rundfunk hörte ich während der Gedenkminuten für den Terror vom 11. September eine Lehrerin, die mit bedeutungsschwerer Stimme ihren Achtjährigen erklärte, es sei jetzt nichts mehr so wie vorher. Glücklicherweise haben Kinder einen guten Zugang zur Position von Obelix (»Die spinnen, die Römer«), sonst müsste sie diese Rede in Angst und Schrecken versetzen.

Die Angstreaktion schärft zunächst einmal unsere Sinne. Das ist so, seit unsere Urahnen vor einigen Millionen Jahren aus dem Wald aufbrachen, um die Savanne zu erobern. Wir werden hellwach, versuchen die Gefahr zu erkennen und ihr dann mit allen Mitteln zu begegnen, die wir aufbringen können. Schauspieler wissen, wie hilfreich ihr Lampenfieber ist, um in Höchstform zu spielen, Autoren bringen sich künstlich in Angst, indem sie den Termin der Manuskriptabgabe schon verpasst haben und nun fürchten müssen, es einfach nicht mehr zu schaffen.

Wer Angst hat, bleibt erst einmal stehen und versucht sich zu orientieren. Dann bereitet er sich auf Gefahren vor oder versucht es wenigstens. Panik, in der Menschen blindlings rennen oder um sich schlagen, ist extrem selten. Die meisten Angstopfer tun erst einmal wenig, außer sich zu orientieren. Wer am 11. September sah, wie die Bildschirme umlagert waren, während sonst kaum etwas geschah, der ahnt auch, wie zweckmäßig Angst in den meisten Fällen ist.

Wenn die Geängstigten wieder handlungsfähig werden, versuchen sie sich in Sicherheit zu bringen. Fast alle handeln überlegt und zielbewusst. Sie kaufen Essensvorräte und Erdölaktien, sie fliegen weniger und sparen ihr Geld. Ein gefüllter Geldbeutel beruhigt.

Wenn die Überschriften mit »Krieg! Angriff auf uns alle! Kreuzzug! Kampf der Kulturen!« wieder dünner werden, kommen die Wirtschaftsführer und Finanzminister zu Wort. Sie wollen, dass wir unsere Ruhe zurückgewinnen. In der dynamisierten Konsumwirtschaft ist Stillstand Rückschritt, Verlust, Rezession. Die Steuerschätzungen rutschen nach unten, die Drohszenarien haben – oje – dazu geführt, dass die Menschen doch tatsächlich vorsichtiger geworden sind.

Unser psychologischer Rat an Politiker, die Panik verhindern und Ruhe herstellen wollen: Vertrauen Sie auf die Menschen, die so urteilskräftig waren, Sie zu wählen! Verzichten Sie auf bedeutungsschwangere Rhetorik und verbales Säbelrasseln. Fordern Sie nicht auf, ruhig zu bleiben, bleiben Sie selbst ruhig. Gefühle sind spontan, verordnete Gefühle ein Paradox und verordnete Nicht-Gefühle (»Keine Panik«) bewirken das Gegenteil der guten Absicht.

Sammeln

Wenn wir die menschliche Entwicklungsgeschichte in einem Tag ablaufen lassen, dann geht die Sonne auf, erreicht ihren Zenith und geht wieder unter, ohne dass sich an der materiellen Kultur, den verwendeten Werkzeugen, dem Leben in den Gruppen viel ändert. Erst am späten Abend fangen die Vormenschen an, Steine zu behauen und Werkzeuge nicht mehr nach Gebrauch nachlässig wegzuwerfen. Es dauert noch bis eine halbe Stunde vor Mitternacht, ehe wir erste Zeichen dafür erkennen, dass unsere Vorfahren Besitz anhäufen – Schnüre von Muschelperlen, schön geschliffene Werkzeuge aus Stein oder Knochen, dass sie Höhlenwände bemalen und Elfenbein bearbeiten. Erst wenige Minuten vor zwölf wird der Ackerbau entdeckt.

Die Errungenschaften des Industriezeitalters prägen dann die letzten Sekunden der menschlichen Evolution.

Das heißt, dass wir unseren Anlagen nach Jäger und Sammler sind, wie das älteste und genetisch prägendste Stadium der menschlichen Evolution genannt wird. Es heißt auch, dass materielle Dinge uns viel weniger beeinflusst haben als andere Menschen und unsere geistige Auseinandersetzung mit der Realität. Denn die altsteinzeitlichen Kulturen haben neben ihren erbärmlichen Steinwerkzeugen reiche geistige Traditionen, profunde Kenntnisse über essbare Pflanzen und über die Möglichkeiten, Fleisch zu erbeuten, Sitten und Gebräuche, eine grammatikalisch geregelte Sprache.

Die Evolution hat Wissen und Geschick viel länger gebildet als die materielle Kultur. Daher irrt auch, wer die Leidenschaft des Sammlers allein in einer weit über alles Notwendige hinausgehenden Reihung von Dingen sieht. Zu Sammeln ist eine sehr befriedigende und oft fesselnde Übertragung des urtümlichen Bezugs zur Umwelt auf die Gegenwart. Nur wenige Menschen können sich in einer Zivilisation noch das blutige Vergnügen der Jagd leisten. Aber jeder Sammler ist auch ein Jäger, und wie dieser freut er sich am meisten, wenn er mit möglichst geringem Aufwand eine möglichst kapitale Beute kunstgerecht erlegt. Seine Sammlung regt ihn an, sich geistig mit einem Teil der Realität auseinanderzusetzen, sie wird zu einem Motor seiner Bildung und seiner Geschicklichkeit.

Der Primitive, der mit Pfeil und Bogen den Wald durchstreift, ist im Sammler wiedergeboren, der Hallen und Freigelände eines Flohmarktes durchwandert. Beide spähen unausgesetzt um sich, nichts entgeht ihnen, und wenn sie eine Beute erblicken, pirschen sie sich vorsichtig an und versuchen, alles zu vermeiden, was sie scheu machen könnte. Dann versuchen sie ihr Glück, und nichts macht zufriedener als ein Treffer, der die Beute zur Strecke bringt und aus einem flüchtigen Schatten zu dauerhaftem Besitz macht.

Die Freude an der Jagd ist der am Besitz ebenbürtig; hier ist auch der Ort für Kampf, Rivalität, intellektuelles Kräftemessen. Weiß der Verkäufer mehr über den Wert und die Hintergründe des Stücks – oder kennt sich der Sammler besser aus?

Der Reiz des Sammelns hat viel mit dem Unterschied von Preis und Wert zu tun. Oscar Wilde hat sich über Menschen beklagt, die von allem den Preis und von nichts den Wert wissen. Auch er war ein Sammler, wusste genau, wie beides zusammengehört, von ihm stammt auch der Satz, den jeder Sammler unterschreiben kann: »Ich habe einen ganz einfachen Geschmack, ich möchte von allem immer nur das Beste.« Beste Dinge zu ihrem Wert oder für weniger zu bekommen, ist der Triumph des Sammlers, überteuert einzukaufen und nachher festzustellen, dass das Stück einen Fehler hat, seine Niederlage. Die meisten Sammler interessieren sich sehr für Preise und achten auf sie weit ehrgeiziger, als es ihre finanzielle Situation notwendig macht. Es geht ihnen gegen die Ehre, auch wenn es ihre Börse wenig schmerzt, wenn sie Geld für Schund ausgeben sollen.

Psychoanalytisch bequem ist die Deutung nach der »analen Trias« von Geiz, Pedanterie und Eigensinn. Freud hat sie in seinen Abhandlungen zur Sexualtheorie entwickelt und kein Wort über die Zusammenhänge mit seiner eigenen Sammelleidenschaft verloren. Aber die Art, wie er sammelte und womit er seine Sammlungen bezahlte, ist sehr charakteristisch: Er tat es nicht aus seinem regulären Einkommen – das gehörte der Familie –, sondern aus den Einnahmen für Konsiliarien, d. h. für Situationen, in denen er bei einem wichtigen (und zahlungskräftigen) Patienten für eine zweite Meinung, eine Beratung herangezogen wurde. Solche Einnahmen gehörten der Sammlung, ebenso wie die Erträge aus seinen Publikationen.

Man könnte sagen, dass der Sammler seine Beute vor sich selbst versteckt, dass er es vermeidet, dorthin zu gehen, wo sie bequem zu haben wäre, wie doch auch der passionierte Jäger lieber fünf Stunden auf dem Hochstand friert und ohne Beute heimkehrt, als in der Wildhandlung in fünf Minuten seinen Braten zu kaufen. Manche Sammler rationalisieren das mit ihrer Sparsamkeit, aber diese Ausrede überzeugt nicht, wenn wir erkennen, dass sie kaum ärmer wären, wenn sie schneller, bequemer und natürlich auch erheblich teurer im Fachhandel einkaufen würden. Das macht jedoch keinen Spaß, da fehlt jede Spannung, das ist zu einfach, da liefert sich der Sammler dem Händler aus.

Wegen ihrer Leidenschaft der Jagd kommen viele Sammler gar nicht dazu, ihre Beute zu katalogisieren und übersichtlich anzuordnen, sich an ihrer Schönheit oder Merkwürdigkeit zu erfreuen. Von einem leidenschaftlichen Bücher- und Kunstsammler in England wird berichtet, dass seine Erben Jahre brauchten, um sich einen Überblick über das in Kisten und Ballen verpackte Sammelgut zu verschaffen. Solches Raffen sublimiert die Phantasie totaler Bemächtigung nicht mehr: Der Markt soll leer sein und alles beim Sammler, niemand, der etwas aus seinem Gebiet haben will, kann an ihm vorbei, denn er beherrscht es, er ist wie ein Orkan hindurchgefahren und hat alles an sich gerissen.

In der Tat macht es Spaß, etwas zu erbeuten, dem andere ergebnislos nachjagten; ihre vergebliche Mühe, ihr Ungeschick vergrößern Erfolg und Geschick des Sammlers. Gleichzeitig steckt in seiner Sparsamkeit, in seinem Wunsch, mit möglichst wenig Einsatz möglichst viel Gegenwart zu erhalten, ein sportlicher Zug, der aber tiefer reicht und eine existenzielle Dimension gewinnt:

Unser Leben ist begrenzt und wir müssen haushalten mit den Kräften, die wir haben. Unsere Erinnerung ist flüchtig, und wir brauchen Anker für sie, Haltepunkte, Rituale. Was wäre religiöse Inspiration ohne Tempel und Gottesdienst? Wer etwa Bücher sammelt, sammelt sozusagen doppelt, denn das Buch ist schon selbst eine Sammlung des Flüchtigsten, der gesprochenen Sprache, die hier festgehalten, dauerhaft gemacht wird und so, gerade in ihren Höchstleistungen fixiert, die geistige Entwicklung des Menschen enorm beschleunigt hat.

Schlaf

Wir glauben den Schlaf zu benötigen, um Kraft zu sammeln für den nächsten Tag. Schlafängstliche begründen ihre Angst mit dem Argument, sie könnten nach einer schlaflosen Nacht die Anforderungen des nächsten Tages nicht bestehen. Dass nur »richtig« arbeiten kann, wer

»ausgeschlafen« ist, hat mit diesen Ängsten viel mehr zu tun als mit dem Schlaf selbst.

Mir fällt dazu jener Physiologe ein, der gesagt haben soll, dass das Gehirn Träume ausscheide wie die Niere Urin. Diese Schlafängstlichen sprechen in der Tat so, als werde ihr Zustand in Gehirnversagen enden, wie eine längere Zeit blockierte Urinausscheidung zum Nierenversagen führt. Angesichts der versagenden Niere können wir den Kranken an eine künstliche Niere anschließen oder eine gesunde Niere transplantieren. Was aber können wir tun angesichts eines versagenden Gehirns?

Schlaflosigkeit wurzelt in der Angst vor Anforderungen, von denen das Ich sich befreien will, während es sich doch an sie klammert. Wir wollen ein Problem energisch vom Acker haben, weil es uns überfordert, gleichzeitig müssen wir alle Kräfte dransetzen, es zu bewältigen. Deshalb dürfen wir es überhaupt nicht loslassen, denn dann packen wir es nie mehr an. So sehnen wir uns nach einem Schlaf, der uns von ebendem angeklammerten Objekt erlöst, dass wir nicht loslassen können. Der Therapeut tröstet den Schlaflosen, indem er ihm vermittelt, seine Angst vor völligem Versagen, wenn er nicht geschlafen habe, sei unbegründet. Wer still liege und auf den Morgen warte, auch wenn er jeden Glockenschlag der Turmuhr zu hören meint, ist am Morgen fast ebenso fit wie nach gut durchgeschlafener Nacht.

Schlaflosigkeit verschweißt Angst und Niedergeschlagenheit. Schlaf ist nicht nur Erholung und körperliche Regeneration, er hat auch etwas Beruhigendes, weil er uns sagt, dass es nichts gibt was so wichtig ist, dass es keine Pause duldet. Und gerade diese Aufgabe gefährdet die Schlaflosigkeit. Der Schlaf vermittelt, dass das Leben – das Es – stärker ist als der Geist. Nichts ist so wichtig, dass wir es nicht für unbestimmte Zeit loslassen können. Alles kommt wieder, und wir werden ihm frischer, sicherer begegnen.

Der Spruch vom Schlaf als dem Bruder des Todes könnte falscher nicht sein: Der Schlaf ist die Mutter des Lebens, er ist bewegte Ruhe, ein Zeichen, dass das Leben so gefestigt, so von sich überzeugt ist, dass es keine Beweise braucht, sondern eintauchen kann in sich selbst. Wer sein Ich loslassen kann, hat es sicherer als einer, der es festhält, wie ein Mann, der in aller Ruhe zusehen kann, wie seine Liebste mit einem anderen tanzt.

Wie kostbar der Schlaf ist, zeigt sich auch daran, dass die Übungen der Zen-Lehrer darauf hinauslaufen, am Ende eines Weges intensiver Übungen im Wach-Sein dasselbe zu erreichen, was der Schlaf bewusstlos schenkt: einen Ich-losen Zustand, in dem der Mensch zur Pflanze wird. Oft haben Träume etwas von den Phantasien einer Pflanze, wie sich bewegtes Leben anfühlen könnte – warum nicht fliegen, brennen, unter Wasser leben, tot sein und doch fortbestehen? Wenn die Ents, die Hirten der Bäume bei Tolkien, zu lange schlafen, werden sie selbst zu Bäumen und können nur durch einen großen Anlass wieder geweckt werden.

Der Mensch schläft, wenn er sich sicher fühlt. Das führt zu den typischen Unfällen auf der Autobahn – nichts ist einfacher, bequemer, langweiliger, man sitzt klimatisiert und wird doch für ein paar Augenblicke die Augen zufallen lassen dürfen! Auf kurviger Bergstraße passiert das so wenig wie auf dem Fahrrad.

Unter den Schlafstörungen müssen wir die Einschlaf- und die Wiedereinschlafstörung unterscheiden, die oft fälschlich Durchschlafstörung genannt wird. Denn fast alle Schläfer erwachen einige Male, da sie aber bald wieder schlummern, beschäftigt sie das nicht, sie haben es meist am Morgen schon wieder vergessen. Die Wiedereinschlafstörung WES wurzelt im Erschrecken des Ichs, überhaupt losgelassen zu haben. Das war unrecht, unvorsichtig, hätte nicht geschehen dürfen.

Wer WES verstünde, hätte viel vom Geheimnis der Mechanismen enträtselt, durch die wir seelische Verletzungen verarbeiten. Bisher verstehen wir, dass sie mit der Fähigkeit des Organismus zusammenhängt, die Illusion eines Ichs zu festigen, das unser Leben »im Griff« hat. Dieses Sicherheitsgefühl ist einerseits lebenswichtig und andererseits insofern irrational, als wir wissen, dass wir jederzeit (und irgendwann sicher) das Opfer von Krankheit und Tod werden. Dennoch erlebt der Gesunde lange Perioden eines pazifischen Gefühls, er schwimmt in seinem Leben wie in warmem Wasser und denkt nicht – glaubt nicht – an die Haie, wohl wissend, dass es sie nicht nur gibt, sondern dass sie ihn sicherlich irgendwann erwischen werden. Wenn nun jemand neben mir vom Hai verschluckt wird, ist es erst einmal mit diesem Sicherheitsgefühl vorbei. Die WES setzt ein, bis ich das Ereignis hinter mir gelassen habe.

Der Tagesrhythmus, in dem wir schlafen, zeigt auch das Maß der Verleugnung, auf die wir angewiesen sind: Solange ich morgen noch nicht aufgehängt werde, kann ich in der Todeszelle friedlich schlafen. Kann ich? Vermutlich ja, wenn ich mich erst einmal daran gewöhnt habe, dass ich in ihr sitze – und natürlich sitzen wir alle in einer. Der Unterschied zum Verurteilten liegt nicht darin, dass seine Richter nicht sterben müssen, sondern dass sie nicht wissen müssen, wann und wie es geschehen wird.

Kompliziert wird es wegen der Ambivalenz, dass wir gerade die uns wichtigsten Menschen, die uns schützen und uns Halt im Leben versprechen, oft auch als bedrohlich, als einengend empfinden. Wir hassen unsere Geliebten, weil sie uns weniger lieben, als wir uns das wünschen, und fürchten gleichzeitig, dass sie diesen schmählichen Hass sehen, seine kleinlichen Wurzeln durchschauen. Wir sind immer und grundsätzlich die, welche an den Ästen sägen, auf denen sie sitzen.

Der Volksmund nennt das gute Gewissen ein sanftes Ruhekissen. Das reimt sich zwar, aber es macht keinen Sinn, denn das gute Gewissen stimmt nur friedlich, was die Harmonie zwischen den verinnerlichten Eltern und der Realität angeht. Aber nicht auf alle Wirklichkeiten konnten (oder wollten?) uns die Eltern vorbereiten, sie haben uns zwar gelehrt, wie wichtig es ist, bescheiden und mäßig zu sein, wollten uns aber vor der Wucht unserer Leidenschaften bewahren. Wenn etwas Gefährliches in uns den Gefahren entgegenkommen möchte, die von außen drohen, erschrickt das Ich und weigert sich, dem Schlaf eine zweite Chance zu geben. Diese Spannungen sind im Morgengrauen oder kurz zuvor am stärksten ausgeprägt, um diese Zeit durchschreiten wir ein Tief unserer seelischen Abwehr. Die Indianer greifen im Morgengrauen an, wenn das erste Licht dem Tätigen ein Ziel gibt, während die Ruhenden schlaftrunken und wehrlos sind.

Schmerz

Ich hörte einmal die Antwort eines alten Schauspielers auf die Frage, wie er es denn bewältige, mit seinen über 80 Jahren noch so oft aufzutreten. Der Schauspieler drehte die Frage um: Der Reporter solle ihn lieber fragen, wie er die Zwischenzeiten überstehe. Da täten ihm nämlich buchstäblich alle Knochen weh, er habe mehrere Gelenkoperationen hinter sich. Aber sobald er auf der Bühne stehe, spüre er keinen Schmerz.

Dieser Sieg der Begeisterung über den Schmerz scheint älter und umfassender als das Bewusstsein: Ein Freund führte auf einem Spaziergang seinen alten Köter aus, der jämmerlich humpelte – schwere Arthrose, im Röntgenbild dokumentiert. Aber als eine Katze auftauchte, sauste sein Hund hinter ihr her wie ein junger.

Schmerz ist somit Reiz plus Aufmerksamkeit: Ganz ohne Reiz kann nur der psychisch Gestörte Schmerz wahrnehmen, ganz ohne Aufmerksamkeit gewinnen auch sonst »unerträg-

liche« Schmerzen keine Macht. Ein Problem der Schmerzbehandlung liegt darin, dass Medikamente, die sich gegen den Schmerz richten, die Aufmerksamkeit für ihn verstärken. Wer den Schmerz betäubt, schwächt die Konzentration und damit die Möglichkeiten, sich von ihm abzulenken. »Vermeide das!« ist dann der Schmerz-Imperativ an das Bewusstsein.

Als ich acht Jahre alt war, spielte ich oft mit den anderen Kindern im Hof. Damals fiel mir auf, wie die Tochter der Nachbarin, die hingefallen war, stumm und scheinbar gefasst zur Haustür der mütterlichen Wohnung lief und lauthals zu weinen begann, als sie auf der untersten Treppenstufe ankam. Das erschien meiner kindlichen Rationalität »falsch« – entweder hatte sie sich weh getan, dann musste sie sofort weinen, oder sie hatte sich nicht weh getan, wollte aber der Mutter weismachen, es sei etwas Schlimmes geschehen. Heute finde ich diese Reaktion nicht mehr tückisch, wie damals, sondern ausgesprochen ökonomisch und klug: Die Regression in den Aufmerksamkeit heischenden Schmerzausdruck wird erst zugelassen, wenn sichergestellt ist, dass sie erfolgreich sein wird.

Eine Gestalttherapeutin, mit der ich befreundet war und auch zusammen Selbsterfahrungsgruppen leitete, empfahl angesichts von Schmerzen, diese »Gestalt werden zu lassen«, sich also nicht gegen sie zu wehren, sondern sich ihnen hinzugeben, sie zu vertiefen – dann würden sie verschwinden, wie der Paketbote, nachdem er seine Sendung abgeliefert hat. Mir gelingt das nur selten, bei leichten Schmerzen, und ich erlebte auch bei meiner Kollegin, dass sie einmal, nachdem weder Gestalt- noch Yogaübungen gegen ihre Kopfschmerzen geholfen hatten, mich um ein Aspirin bat.

Solche Komplikationen erweisen das verworrene Verhältnis zwischen Schmerz und Einbildung in ihren naiven und verwissenschaftlichten Formen, in denen wir dann von (Auto-)Suggestion sprechen. Schmerz ist immer auch »Einbildung«, ist Reiz plus Einbildung, Bilder lenken die Aufmerksamkeit. Wer nicht zur Arbeit gehen will und sich nach einer Krankschreibung sehnt, leidet erheblich mehr unter Schmerzen als der von seinem Erfolg inspirierte Künstler, von dem wir anfangs gesprochen haben.

Wir glauben, dass der rheumakranke Schauspieler im Grunde immer Schmerzen hat, von denen ihn der Auftritt glücklich ablenkt und dadurch befreit. Hätte er die Auftritte nicht, wäre er vielleicht schon ein Schmerzpatient, ein Pflegefall. Aber im Grunde ist die Sache nicht so einfach.

Ein chinesischer Weiser soll, aus einem Traum erwacht,

in dem er ein Schmetterling war, sich gefragt haben, ob er nun ein Mensch sei, der sich als Schmetterling träumt, oder ob er jetzt – im angeblichen »Wachzustand« – ein Schmetterling bleibe, der träumt, Mensch zu sein. Ähnlich könnten wir sagen: der Schauspieler ist gesund, er spielt nur, sobald er von der Bühne tritt, den Rheumakranken.

Der Suggestionsbegriff ist ein spät geborenes, schon kraftloses Kind der Aufklärung. Er nivelliert Unterschiede, indem er ein »nur Suggestion« davor setzt. Aber wirklich interessant wird die Problematik erst, wenn wir uns damit beschäftigen, weshalb bei manchen Menschen bestimmte Suggestionen wirken und andere nicht. Der weise Landarzt Liebault konnte mit der Formel »Es geht mir von Tag zu Tag und von Stunde zu Stunde immer besser und besser« wahre Wunderheilungen bewirken – ich würde damit keinen Hund hinter dem Ofen hervorlocken.

Suggestionen nutzen sich ab, vielleicht ähnlich den Schutzgeistern, die der Schamane in seinen Beschwörungen zitiert und unter denen wir heute auch die Dampfer und Flugzeuge des weißen Mannes finden. Wer mit Suggestionen heilen will, lädt zu einer Party ein, bei der die Gäste ihre Getränke

selbst mitbringen. – »Ich bringe die Suggestionen, ihr müsst den Glauben mitbringen!«

Neulich erzählte mir eine Kollegin die Leidensgeschichte einer Frau. Sie behandelt die 57-Jährige wegen Depressionen und chronischer, angeblich durch Gelenkrheuma verursachter Schmerzzustände. Die Psychotherapie hat bereits einige Erfolge gebracht, unter anderem ist die Patientin inzwischen so ermutigt und gestärkt, dass sie sich von ihrer Abhängigkeit von Medikamenten befreien konnte und mit eisernem Fleiß täglich die in einer Schmerzambulanz erlernten gymnastischen Übungen macht. Die Patientin ist seit mehreren Jahren arbeitsunfähig, es ist ihr auf den ersten Blick anzusehen, dass sie zwar ihren Haushalt erledigen, aber sicher nicht in ihren früheren Beruf zurückkehren kann. Sie braucht doppelt so lange wie andere, um die vier Treppen zur Praxis hochzusteigen, sie braucht Hilfe, um sich des Mantels zu entledigen. Jetzt stand die Entscheidung an, ob sie in Rente gehen sollte.

Die Patientin ist als Kind von einem Großvater missbraucht worden und hat eine belastende Ehe hinter sich, in der sie viel geschlagen wurde. Sie hatte bis vor einigen Jahren immer gearbeitet und brach zusammen, als der bisherige, fürsorgliche Chef den Friseursalon verkaufte. Sein

Nachfolger kritisierte sie ständig – sie sei zu langsam, spreche zu viel mit den Stammkunden, mit ihr könne er keine jüngere Kundschaft gewinnen. Sie nahm sich alles sehr zu Herzen, schluckte immer mehr Schmerzmittel, um arbeitsfähig zu bleiben, wurde immer öfter krankgeschrieben und kam schließlich in einem schwer depressiven Zustand in Psychotherapie.

Angesichts der anstehenden Berentung schickte nun der Orthopäde, der die Entscheidung nicht verantworten wollte, die Kranke zu einem Rheumatologen. Dort musste sie viele Stunden warten. Als sie endlich drankam, untersuchte der Arzt sie nicht, sondern schickte sie nach ein paar Sätzen zur Blutentnahme und bestellte sie für die nächste Woche wieder. Wieder musste sie einen halben Tag warten und erhielt dann, wiederum ohne Untersuchung und ohne ein eingehendes Gespräch, den Bescheid, Rheuma habe sie nicht, sie müsse eine radiologische Untersuchung machen. »Er hat mich nie angeschaut, aber er soll doch das Gutachten für die Rente schreiben«, klagte die Patientin. »Ich kann doch nicht mehr arbeiten!«

Der Radiologe war gründlich und freundlich, die Patientin ließ eine Kernspintomografie über sich ergehen und schluckte eine radioaktive Flüssigkeit, deren Verteilung im Körper aufgezeichnet wurde. Das Ergebnis war längst bekannt: Die Gelenke sind arthritisch deformiert, die Patientin wurde auch noch auf einen Wirbelsäulenschaden hingewiesen. »Er hat gesagt, da liegen die Knochen fast aufeinander«, was ihre chronischen Rückenschmerzen erklärte.

Meine Kollegin, eine Alt-68erin mit einem großen Herzen, empörte sich über das Desinteresse des Orthopäden und des Rheumatologen. Ich versuchte sie zu beruhigen, ich habe oft in Balintgruppen mit Ärzten gearbeitet und kenne auch deren Dilemma: Sie würden gerne Kranke behandeln, aber oft genug sollen sie Leiden verwalten und Privilegien verteilen.

Bei Schmerzpatienten ist das besonders knifflig: »Mit diesen Gelenken, mit dieser Wirbelsäule bin ich arbeitsunfähig«, sagt der Patient, zeigt das Bild, zitiert einen Orthopäden oder Radiologen. Aber der kritische Arzt weiß genau, dass viele Männer und Frauen, die schmerzfrei ihrer Arbeit nachgehen, genau dieselben Befunde auf dem Röntgenbild haben.

So überweist der Orthopäde zum Rheumatologen, der Rheumatologe zum Radiologen, die Psychotherapeutin wird auch irgendwann gefragt, alle wollen sich absichern, weil das Sozialgesetz ihnen vorschreibt, zwischen »echten« und »eingebildeten« Schmerzen zu unterscheiden. Was für ein Unsinn, wird der Schmerzforscher sagen: Wenn sich jemand lange genug Schmerzen einbildet, dann hat er Schmerzen.

Für den Psychologen, der sich Gedanken über den politischen Bezug macht, wird diese Alltagsgeschichte zum Ansatz für Reflexionen darüber, wie wenig sozial unsere Verteilungsformen sind. So wird für diagnostische Prozeduren, die keinen sachlichen Grund haben, sondern nur eine lästige Entscheidung aufschieben und an Apparate delegieren, mit einer Bedenkenlosigkeit Geld ausgegeben, das angesichts des schmalen Budgets für die Rentnerinnen doch irritiert.

Wenn jemand käme und mit spitzem Stift durchrechnen würde, ob unsere Kontrollsysteme so viel einsparen, wie sie kosten, vermute ich brisante Ergebnisse: Wenn wir jeden Antrag sofort bewilligen, wäre es wahrscheinlich insgesamt billiger, als alle möglichen Hürden zu bauen und mit hohem Aufwand zu erhalten. Ich selbst habe einen Beruf, in dem ich auch als 65-Jähriger noch gerne arbeite, aber es wäre mir recht, wenn von den Steuern, die ich reichlich bezahle, ein Grundgehalt für jene finanziert würde, die keine solchen Privilegien genießen. Ein solches Grundgehalt für jeden Bürger, steuerfinanziert, unbürokratisch gespendet, scheint mir der richtige Gedanke für den Weg in die postindustrielle Gesellschaft. Auch die vielen, die heute von Sozialhilfe und Arbeitslosengeld leben, könnten davon profitieren.

Schwüre

Die Vermählung ist eine eindrucksvolle Zeremonie. Zwei Menschen treten vor die Gemeinde. Sie fragen an, ob es Einwände gibt gegen ihren Bund. Diese mögen jetzt geäußert werden. Wenn nicht, sollen sie für immer verstummen. Dann wird jeder beim Namen genannt und verspricht Treue in guten und in schlechten Tagen, bis dass der Tod den Bund scheide.

In J.R.R. Tolkiens Roman »Der Herr der Ringe« wird im ersten Band »Die Gefährten« beschrieben, wie die Gemeinschaft des Ringes aufbricht, um das Böse zu vernichten. Der weise Elrond sagt: »Je weiter ihr geht, um so weniger leicht wird es sein zurückzukommen, dennoch wird euch kein Eid und keine Verpflichtung auferlegt, weiter zu gehen, als ihr wollt. Denn noch kennt ihr nicht die Stärke eurer Herzen und könnt nicht voraussehen, was jedem von euch auf der Straße begegnen mag.«

Damit ist einer der Gefährten, der Zwerg Gimli, nicht

zufrieden. »Treulos ist, wer Lebewohl sagt, wenn die Straße dunkel wird«, protestiert er.

»Vielleicht«, entgegnet Elrond. »Aber lasst denjenigen nicht geloben, im Dunkeln zu wandern, der den Einbruch der Nacht nicht gesehen hat.«

»Doch mag ein geschworenes Wort das zitternde Herz stärken«, sagt hartnäckig der Zwerg. »Oder es brechen«, entgegnet wiederum der Weise. Dann entlässt er die Wanderer.

Nun haben künftige Eheleute keinen gefährlichen Auftrag – möchte man meinen. Sie haben sich erprobt, sind zusammen gereist, haben Urlaube miteinander verbracht und in aufgeklärten Zeiten oft genug auch das Bett geteilt. Sie kennen sich, sie wissen, was sie wollen.

Jede zweite Ehe »gelingt« insofern, als dass sie aufrechterhalten wird. Es mag nicht immer die versprochene Liebe und Fürsorge sein. Der gegebene Schwur stärkt das zitternde, gekränkte Herz, das Pflichtgefühl tritt an die Seite der Zuneigung. Aber man muss kein Prophet sein, um vorauszusagen, dass in etwa der Hälfte der Fälle einer der Beteiligten sein Versprechen nicht halten kann.

Um eine Ehe zu schließen, benötigt man zwei Personen; um sie aufzulösen, genügt eine. Diese Einsicht ist zugleich banal und schwer erträglich. Wir können jeden Tag in den Zeitungen lesen, wie ein Partner den »Verräter« zu strafen weiß, der den Liebesschwur nicht hielt. Wie in der erflehten oder erpressten »letzten Aussprache« Blut fließt oder der verschmähte Ehemann noch meint, seine Partnerin in schlechten Tagen zu begleiten, während er in Wahrheit ihre wieder gut gewordenen Tage durch sein Stalking verdüstert.

Wer mit Paaren in diesen Zuständen spricht, begegnet dem Ehe-Paradox jeden Tag. Der Liebesschwur würde nahelegen, dem Partner Wünsche zu erfüllen. Ich will keine Kinder, meine Partnerin wünscht sich eines; ich möchte erotische Abenteuer, mein Partner nicht. Wenn Liebe heißt, dem anderen zu seinem Glück zu verhelfen, ihm seine Wünsche zu erfüllen, müsste doch der Partner tun, was ich will – andernfalls liebt er mich nicht. Umgekehrt: Wenn er/sie derartig Unmögliches verlangt, liebt er/sie mich nicht.

Alltagstaugliche Liebe ist die Bereitschaft, immer wieder im Guten zu verhandeln, um Lösungen zu finden, welche die unterschiedlichen Bedürfnisse so erfüllen, dass sich auf Dauer niemand entwertet fühlt. Enttäuschte Liebe ist die Hoffnung, einen Partner zu gewinnen, der genau so ist, wie ich ihn mir wünsche, der mir zuliebe alles tut, wie ich ihm auch, ohne dass wir verhandeln und unseren kleinlichen Egoismus auf den Tisch legen müssen.

Es genügt nicht, wenn sich zwei Menschen gefunden haben. Denn wenn Kinder kommen, reißen sie die gefundene Bindung in Stücke; sie muss neu verhandelt und geflickt werden. Das scheitert so oft, dass nach Schwangerschaft und Geburt die Scheidungsziffer in die Höhe schnellt. Sobald die Kinder keine Kinder mehr sind, sondern diskutieren, Widerworte geben, ausziehen, muss wieder neu verhandelt werden. Und wieder häufen sich die Scheidungen.

So ist die Vermählung ein schönes, aber auch ein gefährliches Ritual. Sie verspricht etwas, das sie nicht halten kann, denn die Partner wissen letztlich nicht, wie sie sein werden und wie die Person sein wird, der sie die Hand zum Bunde reichen. Nur wenn sie bereit sind, sich immer wieder neu kennenzulernen, haben sie eine gemeinsame Zukunft. Aber gerade die am meisten verhassten und zerstrittenen Paare sind überzeugt, dass sie von einem Partner verraten worden sind, der sich nicht mehr an das hält, was er versprochen hat. Und hier scheint mir die entscheidende Schwäche der Schwüre und Gelöbnisse zu liegen: dass sie die Liebe, die doch ein Kind der Freiheit ist, in jenen zierlichen Handschellen abführen wollen, die wir Eheringe nennen. Dadurch werden Neigungen zu Rechthaberei und Schuldzuweisung geweckt, denen wir in Ehekrisen öfter begegnen, als uns lieb ist.

Der Glaube an etwas Unzerstörbares kann sehr grausam sein. Ein Partner hat die sexuelle Entfremdung während der Kinderphase hingenommen und die Hoffnung aufrechterhalten, dass die Beziehung wieder rund und schön wird, wenn erst die Kinder selbstständig sind und die heimlich geplanten Urlaubsreisen im Wohnmobil nachgeholt werden können. Der andere Partner hat dieselben Unzuträglichkeiten in der Hoffnung weggesteckt, dass er dann endlich ausziehen und frei über seine Zeit bestimmen kann.

Liebe kann heißen: zusammen zu sein und alles zu teilen. Und sie kann bedeuten: den anderen seinen Weg gehen zu lassen, von mir fort. Denn wenn wir einander Liebe versprechen, wissen wir nicht, was sie uns in zehn Jahren bedeuten wird.

Selbsttötung

Die Möglichkeit der Selbsttötung ist ein wesentlicher Teil der menschlichen Würde. Wer sie entwertet, verrät eine Bindung an Vorstellungen, in denen es als feige gilt, einen Kampf aufzugeben. Daher lehne ich es ab, Suizid generell mit »Mord« zu verknüpfen. Berechtigt ist der Ausdruck nur bei einem erweiterten Suizid, in dem ein Täter (wie der Selbstmordattentäter) auch anderen schaden will.

Militaristische Strukturen des Unbewussten sind ein Motiv der depressiven Selbsttötung. Wer sie vollzieht, geht mit sich um wie ein Standgericht, das den Soldaten an die Wand stellt, weil er nicht mehr kämpfen will. Diese Suizidgefährdeten können nicht desertieren, sie können nicht einen Teil ihrer Vorstellungen von Ehre aufgeben, um einen anderen Teil zu retten. Sie binden sich an eine zerbrechliche Illusion, ein fixes Bild ihrer selbst. Sie ketten sich daran, wie Umweltschützer an Bäume.

Der Suizidale erlebt sich nur im Besitz einer einzigen Wehrmauer. Ist diese zerbrochen, hat er jede Hoffnung verloren, sich jemals wieder heil zu fühlen, genussfähig, ohne Scham und ohne Angst.

So kann er sich der Welt nicht zumuten, so kann er sich auch den Menschen, die er liebt, nicht zeigen. So macht er sich davon und lässt alle rätseln, die sich in solche Zerbrechlichkeit nicht einfühlen können.

Selbstwertgefühl

Das menschliche Selbstwertgefühl lässt sich mit einem jener tropischen Bäume vergleichen, die aus ihren Ästen Luftwurzeln treiben und diese im Erdboden verankern. So festigen sie das ausladende Wachstum der Krone. Das gesunde Selbstwertgefühl ist so gut in der Realität verwurzelt, dass dieser Baum sozusagen Stürmen standhalten kann, ohne Teile der Krone zu verlieren, die nicht gestützt sind. Wenn solche Teile verloren gehen, ist die Folge ähnlich wie bei dem Baum: Der Organismus bräuchte mehr Energie, um den Schaden zu reparieren, verfügt aber durch den Verlust über weniger.

Wenn es das Selbstwertgefühl versäumt, solche Stützen auszubilden, lässt sich das mit der Situation einer Manie vergleichen. Die Manie dient in unserem Bild dazu, einen Mangel an Größe und Festigkeit durch übermäßiges, aber instabiles Wachstum auszugleichen. Das manische Selbstwertgefühl wuchert gewissermaßen in die Höhe und in die Breite, aber ein kleiner Windstoß, eine Nacht mit Regen, der beschwerend an Ästen und Zweigen haftet, lassen Teile der Größenphantasie wegbrechen.

Diese Größenphantasie in ihrer gemilderten, gewissermaßen alltagstauglichen Form ist es, die uns vor dem Schrecken des Lebens, der Vergänglichkeit und ihren Gewissheiten von Schmerz, Alter und Tod beschützt. Wir brauchen die Illusionen der Grandiosität wie die Luft zum Atmen, denn wir haben eine Intelligenz entwickelt, die in der Lage wäre, uns ohne solchen Schutz blitzschnell in den Suizid zu katapultieren, um vorwegzunehmen, was – wie wir doch wissen – das Ziel unseres Lebens sein wird.

Die wichtigsten Stützen des Selbstwertgefühls sind Liebe und Erfolg. Wir brauchen gute Beziehungen zu anderen Menschen, in denen wir uns anerkannt fühlen, oder Erfolge, für die wir uns selbst anerkennen können und die auch andere bewundern.

Die Entwicklung des Selbstwertgefühls spielt sich in einem Dialog zwischen Ästen und Wurzeln ab, wobei die Verankerung der Äste durch Luftwurzeln ihrerseits ihre strukturellen Voraussetzungen hat. Auch der tropische Baum benötigt günstige Bedingungen, um seine Krone zu entwickeln und zu stabilisieren. Wenn die Blätter zu wenig Licht finden, können die Äste nicht treiben, wenn die Luftwurzeln keinen Mutterboden finden, können sie sich nicht verankern.

Diese Metapher hilft, ein Modell zu basteln, mit dessen Unterstützung wir Entwicklungen und Störungen des menschlichen Narzissmus verstehen. Unser Bild enthält die Annahme, dass aus dem Körper-Ich eine Illusion der Grandiosität nach der Formel »es wird alles gelingen« emporwächst, die im erwachsenen Leben von außen gestützt wird.

Die Verankerungen in der Realität sind durch Wechselwirkungen zwischen dem Individuum und sozialen Werten bestimmt. Wenn ich die Vorstellung habe, ein besonders kluger Kopf zu sein und in der Schule besonders gute Noten schreibe, wird meine geistige Größenphantasie stabilisiert und bekommt Kontur, weil ich meist auch erkenne, wo ich noch etwas mehr hätte lernen müssen, um eine noch bessere Note zu erhalten.

Wenn aber die Noten schlecht sind, ist es nicht mehr so leicht, meine Größenvorstellung zu stabilisieren. Die Luftwurzel findet keinen Bodenkontakt und vertrocknet. Der Ast kann jetzt nicht mehr so stabil wachsen. Die Krone verliert das organische Wachstum, sie treibt Wasserschosse, gewissermaßen Ersatz-Phantasien, sogar Ersatzpersönlichkeiten, beispielsweise: Ich will ja gar keine guten Noten, ich bin ein cooler Typ, der weit über solchen billigen Erfolgen steht, wenn ich nicht bekifft in die Prüfung gegangen wäre, hätte ich natürlich besser abgeschlossen als die anderen.

Die Größenphantasie des primitiven Narzissmus behauptet: ich bin der Größte, weil ich ich bin. Sie wird angesichts fehlender Erfolgserlebnisse belebt, parallel dazu entstehen Verleugnungs-, ja Vernichtungswünsche gegen jene Teile der Außenwelt, welche kränken, indem sie die primären Erwartungen nicht erfüllen.

Der Fuchs, dem die Trauben zu hoch hängen, entwertet sie: Sie sind sauer, er will sie nicht. Das ist eine relativ milde Kränkungsabwehr, die Trauben bleiben dem erhalten, der sie pflücken kann. Aber die Kränkungswut kann nicht immer dadurch aufgefangen werden, dass ich die Situation umdeute und das ursprünglich erwünschte Erfolgserlebnis als unattraktiv ausgebe.

Der Fuchs in Äsops Fabel ist so tolerant, die Trauben jemandem zu gönnen, der sie zu erreichen vermag. Ein Fuchs mit Borderline-Störung würde wütend seine Zähne in den Weinstock schlagen, die Rinde abreißen und so dafür sorgen, dass auch kein anderer eine süße Traube erntet.

Simulant

Nach einem Satz des italienischen Dichters Manzoni rechnet die enttäuschte Erwartung gnadenlos mit den Menschen ab, die sie ohne deren Zutun in den Himmel gehoben hat. Wie das funktioniert, konnten wir an dem sogenannten »Piano-Mann« studieren, einem 20-jährigen Abiturienten aus dem bayerischen Wald, der nach einem Suizidversuch triefend nass und ohne Papiere an der britischen Küste gefunden wurde.

Als er sich nicht ausweisen konnte und gegenüber der Polizei stumm blieb, wurde er in eine Nervenklinik gebracht. Und weil er sein Schweigen beibehielt, startete eine Medienkampagne, angeblich um seine Identität zu klären. In dieser Kampagne verwandelte sich der stumme junge Mann in ein Genie, einen Prinzen, ein Wunderkind, umgeben von tragischen Geheimnissen.

Der Verstummte, seiner selbst Beraubte, habe, statt seinen Namen zu nennen, einen Flügel auf ein Stück Papier gemalt. In der Kapelle der Klinik setzte er sich an das Piano und gab ein zweistündiges »klassisches Konzert«, wurde berichtet. Daraus zimmerte die britische Boulevardpresse das ebenso beliebte wie psychologisch verkehrte Hollywood-Klischee vom »verlorenen Gedächtnis«.

Schließlich brach der Kranke sein Schweigen. Es stellte

sich heraus, dass der 20-Jährige aus einem deutschen Dorf kam, aus einer bäuerlichen Familie. Er war kein interessanter Geisteskranker, sondern ein sozusagen ganz normal Verstörter, in seinem Selbstwertgefühl verunsicherter Mensch, der Bauer nicht werden wollte und sich die Karriere des Künstlers, nach der sich jeder zweite deutsche Abiturient sehnt, nicht wirklich zutraute. Wie viele Jugendliche hatte er den Gedanken gehabt, in einer Band zu spielen und auch mit einem Keyboard musiziert. Weil er sich zu Hause nicht wohl fühlte und keine Perspektive fand, ging er auf Reisen, in der Hoffnung, anderswo Menschen zu finden, die ihn aus seiner Isolation befreien könnten. Er geriet in einen psychotischen Zustand, reiste nach England, wollte sich ertränken, gab der Polizei ein Rätsel auf und kam wie alle Leute, mit denen die Ordnungsmächte nichts anzufangen wissen, in eine Nervenklinik.

Der farblose junge Mann aus Waldmünchen, den zu Hause monatelang niemand vermisste, war plötzlich ein Virtuose, ein Rätsel, etwas ganz Besonders. Nach den ersten Berichten in den britischen Massenmedien meldeten sich tausend Leute mit Hinweisen auf vermisste Freunde, Nachbarn oder Kollegen. Ein Pole in Rom hatte einen französischen Straßenmusikanten wiedererkannt, eine Frau aus Wolfsburg einen früheren Nachbarn. Auch dieser hatte so besonders traurige Augen. Waren es Geheimdienste, die den angeblich verschwundenen tschechischen Musiker entführt hatten? Außerirdische? Musste eine X-Akte eröffnet werden?

Alle Nachforschungen blieben ergebnislos, bis der Stumme selbst das Rätsel löste. Nach Darstellung des »Daily Mirror« fragte ihn eine Krankenschwester: »Na, wollen sie heute mit uns reden?« Und er habe geantwortet: »Ja, ich glaube schon.«

Kaum war das Geheimnis zerronnen, wurde aus dem Klavierprinzen ein Scheusal, ein Simulant, der die Ärzte betrogen hatte und nur einen einzigen Ton »spielen« konnte. Er habe immer wieder eine Taste angeschlagen, angeblich, weil er eine autistische Störung nachahmen wollte. Von Schadensersatzforderungen, selbst einer Anzeige war die Rede.

Mitleidlos wurde der Pianomann für einen Mythos bestraft, den er nicht geschaffen hatte. Es war, als hätten sich Daily Mail, Daily Mirror und ihresgleichen das Recht erworben, jedem die Haut abzuziehen, dem sie vorher einen goldbestickten Mantel umgehängt haben. Wie sagte es Wallenstein? »Denn das verzeihen mir die Wiener nie, dass ich um ein Spektakel sie betrog!«

Was ist, verglichen mit der Pathologie dieser Medien, die Pathologie eines verstörten jungen Mannes, der nicht mehr ein noch aus weiß und den Stummen spielt? Für den Narzissmusforscher ergibt sich ein ähnliches Missverhältnis, wie es Bertolt Brecht in der Frage formuliert: »Was ist ein Einbruch in eine Bank, verglichen mit der Gründung einer Bank?«

Sitzenbleiben

Im Jahr 2002 führte die Bush-Regierung in den USA mit Nachdruck das NCLB-Programm ein: »No child left behind«, kein Kind bleibt zurück. Staatliche Bemühungen sollten die großen Bildungs- und damit Chancenunterschiede aufheben, welche nicht nur in Amerika zu gravierenden Abständen zwischen reichen und armen Kindern, zwischen Weißen und Angehörigen von Minderheiten führen.

Bush und seine Ratgeber setzten auf Wettbewerb und Kontrolle, auf flächendeckende Leistungstests und Sanktionen gegen »erfolglose« Schulen. Zusätzlich gab es noch Bildungsgutscheine, die interessierte Eltern schlechter Schüler an pädagogischen Einrichtungen einlösen konnten. Jüngst hat nun eine Studie an über 500.000 Schülern ergeben, dass seit der Einführung des Programms eher mehr unterprivilegierte Schüler zurückgeblieben sind. Die Schere zwischen den sehr gut ausgebildeten Schülern und den gänzlichen Versagern hat sich weiter geöffnet.

Es ist uns zu selbstverständlich geworden, Schule als System zu sehen, das denen gibt, die haben, und denen nimmt, die nicht haben. Die schon im Elternhaus geförderten, von Mutter und Vater liebevoll in ihrem Selbstwertgefühl unterstützten, nicht an gravierenden inneren Konflikten, an Ängsten oder mangelnder Steuerung ihrer Aggressionen leidenden Kinder werden zu guten Schülern, sammeln Erfolgserlebnisse, werden zum Klassensprecher gewählt. Sie finden die Schule prima und entscheiden sich, selbst Lehrer zu werden. Kein Wunder, dass sie ungern daran denken, ein System zu reformieren, das sie so gefördert hat.

Unser System des »Sitzenbleibens« gefährdet die Entwicklung des Selbstwertgefühls zweifach. Die Betroffenen werden nicht nur von jener Institution gekränkt, entmutigt und entwertet, die sie doch fördern und aufbauen sollte. Sie verlieren auch eine Gruppe von Altersgenossen, in der sie sich – oft mühsam genug – einen Platz erobert haben.

Sie vergraben sich in ihrer Kränkung, verlieren den Kontakt zu der Klassengemeinschaft, die ohne sie weitermarschiert ist, nehmen keinen mehr zu der auf, in der sie jetzt nachsitzen sollen. Sie kultivieren oft ein Leben lang Gefühle, versagt zu haben, keinen Anschluss zu finden, nichts zu taugen. Sie resignieren schnell, trauen sich nichts zu. Selten besorgen sie sich Schusswaffen und laufen Amok in der Schule, die ihnen das angetan hat.

Ich will das Sitzenbleiben nicht dämonisieren. Kinder, die Rückhalt und eine gute Beziehungskompetenz haben, ziehen unter Umständen eine Lehre daraus. Zwei meiner Töchter mussten ein Jahr am Gymnasium wiederholen. Beide haben nach dieser Kränkung ernsthafter gelernt und schließlich das Abitur geschafft.

Aber das waren für uns schwierige Jahre. Ich finde es wichtig, nicht zu vergessen, welche Belastungen in den betroffenen Familien auf diese Weise erzeugt werden. Noch mehr Leistungstests und noch mehr Leistungsdruck bringen keine Lösung. Sie sind selbst ein Teil des Problems.

Nicht Testleistung, sondern emotionale Stabilität, Neugier, Zuverlässigkeit und Kreativität sind die Qualitäten, welche Kinder in ihrem Leben brauchen. Stattdessen dominiert schon seit meiner Zeit im Gymnasium vor allem die Angst, ein schlechter Schüler und damit ein für die Gesellschaft wertloser Mensch zu sein.

Spaltung

Wer hat ihn noch nie zitiert, den aus längst nicht mehr identifizierter Quelle sprudelnden Spruch? »Besser ein Ende mit Schrecken als ein Schrecken ohne Ende!« So ermuntern wir uns zu einer schwierigen Trennung: Wir hoffen, dass der Ärger sein Ende hat, der sich – wenn wir die Trennung meiden – unendlich vor uns dehnt. Wie viele Sprichwörter hat auch dieses einen wahren Kern und enthält einen frommen Wunsch. Es weckt die Hoffnung, dass der Trennungsqual die Besserung folgt. Wer aber zu hastig handelt, kann in die Situation eines Patienten kommen, der sich von einem gesunden Zahn getrennt hat. Wenn die Wunde heilt, findet er sich nicht vom Schmerz befreit, sondern um einen Zahn ärmer.

Die hastige, später bereute Trennung beleuchtet eine seelische Notsituation, die sich mit einem ebenso primitiven wie verbreiteten Abwehrmechanismus verknüpfen lässt: der Spaltung. Diese wiederum hängt damit zusammen, dass wir Erdenmenschen im Grunde überzeugt sind, dass wir eigentlich in ein Paradies gehören. Die Spaltung hilft uns dabei. Sie verhindert, dass wir sehen, was an unseren Träumen von idealen Welten nicht stimmt.

Nun wird der kritische Leser einwenden: Dummes Zeug! Kinder- und Jugendträume! Als Erwachsener wäre ich doch schon zufrieden, wenn sich nichts zum Negativen ändert, wenn alles so bleibt, wie es ist, wenn ich meinen Arbeitsplatz behalte, die Renten sicher und die Preise stabil sind!

Aber auch in diesem ermäßigten Paradies schmerzt die Wahrheit. So wissen wir seit langem, dass unsere Vorräte an fossilen Brennstoffen begrenzt sind, aber dieses Wissen wird so erfolgreich abgespalten, dass unsere Wirtschaftsgurus über jedem neuen Anstieg der Ölpreise besorgt die Köpfe schütteln.

Wer sich in der psychologischen Praxis darum bemüht, Entscheidungen konstruktiv zu gestalten, findet in der Spaltung ein oft unüberwindliches Hindernis. Der Patient hat sich wieder einmal in hässlichem Streit von seiner Freundin getrennt, dieser blöden Gans, die ihn mit ihrem Wunsch nach Nähe belästigt und immer vom Heiraten redet. Jetzt kann er nicht mehr schlafen vor Sehnsucht, ruft sie an und redet beschwörend auf sie ein, ihm zu verzeihen und ihn wieder in ihr Bett zu lassen.

Je nachdem, in welcher Phase er seine Therapiestunde hat, wird er überzeugend erklären, diesmal sei der Abschied definitiv, er habe die Nase voll und es total satt, nur noch eine Minute mit diesem hysterischen Monster zu verbringen. Oder er wird bitterlich klagen, dass die Geliebte so grausam sei, das Telefon nicht abzunehmen und endlich auf seine Vorstellungen der Beziehung einzugehen, die doch von reiner Liebe und konstruktiven Absichten geprägt seien.

Es gibt nicht wenige Paare, die sich permanent trennen und doch immer noch zusammen sind. Wer spaltet, will an einem Traumbild festhalten. Er will in Liebe oder Freundschaft nur bestärkt und verstanden werden, denkt aber nicht über die Bedürfnisse seiner Partner nach.

Es ist nicht leicht, sich damit abzufinden, dass die Welt weder so gut noch so stabil ist, wie wir sie uns wünschen. Wir finden zwar den Tyrannen lächerlich, der den Boten köpfen lässt, weil die Nachricht schlecht war. Aber wir wählen doch Politiker nicht mehr so gerne, wenn sie uns mit schmerzlichen Wahrheiten konfrontieren, und schätzen jene höher, die behaupten, sie könnten uns den Abschied von lieb gewordenen Sicherheiten ersparen.

Das führt dazu, dass Reformen meist in einer Weise inszeniert werden, die an das Verhalten einer liebesbedürftigen Mutter erinnert, welche ihrem Kind das mit einer Wunde am Knie verklebte Pflaster abreißen soll. Weil sie diesem den Schmerz ersparen möchte, pult sie unter dem sich steigernden Gebrüll des Opfers millimeterweise und gibt schließlich auf.

Die Spaltung ist dann notwendig, wenn unsere Psyche so geschwächt ist, dass sie die Doppeldeutigkeit einer Trennung nicht verkraften kann. Dann müssen wir glauben, alles Böse loszuwerden, indem wir uns trennen, und irgendwie, irgendwann alles Gute zurückzugewinnen, das wir im Augenblick der Trennung mit verloren haben. Wer viel Spaltung benötigt, signalisiert eine seelische Verletzung, ein Trauma.

Stalking und Selbstobjekt

Wenn ein Mensch, den ich kaum kenne und der mir zunächst gleichgültig ist, bald aber lästig fällt und Ärger weckt, von mir behauptet, ich würde ihn lieben; wenn er dann meine Gegenrede als billiges Leugnen, als ängstliche Vermeidung und emotionale Verklemmung deutet, schließlich die laute und energische Beteuerung meiner Indifferenz triumphierend zum Beweis macht: Da ist es ja, das Gefühl nur noch ein wenig in der falschen Richtung gepolt! – Dann lerne ich etwas über die Macht des Selbstobjekts.

Es kann kein Zweifel sein, dass solche Liebenden gestört sind, und auch nicht, dass ihrer mehr werden. Eine der häufigeren Folgen des erwähnten Beziehungswahns nennen wir heute Stalking, nach dem englischen Wort für

Pirsch: Der Stalker (seltener eine Frau) verfolgt ein Selbstobjekt, in das er eigene Phantasien projiziert hat. Er sucht die Bestätigung seiner Phantasie von einer Beziehung und rächt sich an dem Objekt, wenn es ihn enttäuscht und leugnet, so zu sein, wie er es haben will.

Die seelische Struktur eines in seinen emotionalen Beziehungen gefestigten Menschen gleicht einer mittelalterlichen Burg: Es gibt einen äußeren Verteidigungsring, der so weitläufig ist, dass viele Menschen, Vieh und Güter sicher untergebracht und gegen Räuber verteidigt werden können. Bewacht wird das Geschehen in diesem Vorfeld aus der noch besser geschützten inneren Burg.

So kann auch eine Heerschar, deren Absichten noch nicht deutlich sind, bewirtet und geprüft werden. Nehmen wir an, durch die Übermacht von Feinden oder durch Verrat ist auch dieser innere Ring gefallen. Selbst dann ist die Festung nicht verloren. Sie hat als innerstes Zentrum einen mächtigen Turm, leicht zu verteidigen und gut ausgestattet.

Wer so ausgerüstet ist, wird sich in seinen Liebesbeziehungen Zeit lassen und sich in das gesicherte Selbst zurückziehen, wenn Anforderungen überhandnehmen, sich fremder Leidenschaft verschmelzend zu fügen. Diese Regelungen des Kontakts lassen sich dann ausgewogen gestalten, wenn auch der Besucher über eine solche Struktur verfügt und sich sicher in ihr bewegt.

Selbstobjekt-Beziehungen hingegen lassen sich so beschreiben, dass der Besucher sogleich ins Innerste gerät, dort aber keine Struktur findet, sondern die verschiedensten Luftschlösser und Sehnsuchtsgestalten, welche zu verkörpern ihm zugemutet und zugetraut wird. Er ist der Turm in der Mitte, er zeichnet den inneren Kreis, er gibt dem Material, das hier durcheinanderliegt, die gute Form.

Um ein Selbstobjekt zu finden, bieten sich die Selbstobjekt-Sucher selbst als Selbstobjekt an. Sie sind wie die tropischen Würger, welche als unscheinbare Ranke beginnen, an einem Baum Halt suchen, ihn immer mehr umschlingen, bis sie den Wirt schließlich ganz bedecken und ersticken.

Die Selbstobjekt-Süchtigen sind mit den Katholiken katholisch, mit den Adeligen vornehm, mit den Sozialisten marxistisch und an der Seite des Bigotten fromm. Mit ihnen steuern wir in eine Kultur des Chamäleons, das seine buntscheckige Haut flink jedem Untergrund anzupassen vermag.

Wann wird das Chamäleon zum Stalker? Wenn es den Untergrund verloren hat, mit dem es verschmelzen möchte. Das Chamäleon fügt sich einer angebotenen Form, der Stalker versucht, die Phantasiegeliebte in die von ihm entworfene Form zu zwängen, sie sozusagen zum Chamäleon zu machen. Er deutet ihren Widerstand als Aufforderung, den Druck noch zu steigern. Das Chamäleon wäre die stille Geliebte, die sich der Held in dem Film »Eine verhängnisvolle Affäre« wünscht. Die Stalkerin, die ihm ihre Liebe aufzwingt bis zum Mordversuch, signalisiert den Schritt vom passiven, unauffälligen Selbstobjekt zum aktiven.

Die Zahl der Stalker wächst in der Konsumgesellschaft rasant. In der Polizeistatistik überwiegen die Männer. In der therapeutischen Praxis dominieren die Frauen. Sie berichten von ihren Phantasiegeliebten, denen sie viele Jahre die Treue halten. Sie richten ihre Aggressionen nicht gegen diese, sondern gegen sich selbst, stehen aber ebenso wie die Stalker für eine Welt, in der es immer schwieriger wird, zu ertragen, dass die eigenen Bilder einer Beziehung nicht die einzig richtigen sind, sondern ihren Platz mit den Bildern eines Gegenüber teilen müssen.

Das Selbstobjekt wurde so mächtig und aggressiv, weil der Druck, den die Kultur auf die Geschlechter ausübt, nachgelassen hat und diese nun anfangen, sich gegenseitig unter Druck zu setzen. Früher fanden Männer mehr Halt in ihresgleichen, Frauen ebenso. In der Ehe mussten sich beide Geschlechter das Joch fester Rollen aufladen. Heute ist die Zweierbeziehung Himmel und Hölle, Gefängnis und Frei-

heitsrausch. In der Welt der Selbstobjekte darf es nur einen geben, der zwei ist.

Starrsinn

Starrsinn als die Unfähigkeit, von dem als richtig und recht Gewähnten abzuweichen, beginnt bereits im Kindesalter, wie jeder Erzieher weiß, der mit einem Trotzkopf zusammenprallt. Jugendliche und Erwachsene haben ihre starren Seiten. Diese sind kein Altersphänomen. Sie sprechen für eine überforderte seelische Abwehr. Eine entlastete Psyche ist frei und kann spielen, gleichgültig, wie alt sie ist. Die überlastete erstarrt.

Wer altert, beobachtet an sich eine höhere Toleranz und Nachsichtigkeit ebenso wie zunehmende Starre. Vergleichen wir die Neugier und Aufmerksamkeit einer Gruppe reisender Pensionisten in Florenz oder New York mit der passiven Haltung einer Schulklasse auf ihrem Ausflug in ein Museum. Können wir dann noch überzeugt sein, dass Jugend per se aufgeschlossen ist, Alter aber in stumpfem Dämmern verstreicht? Wenn in allen Debatten über Arbeitslosigkeit Flexibilität eingeklagt wird, heißt das auch, dass die Betroffenen unabhängig vom Alter nicht flexibel genug sind.

Wer Kinder hat, wird schon früh belehrt, was seine Alterspflichten sind. Eltern sollen – und alles andere ist peinlich – bitte nicht auffallen und so tun, als ob sie noch jung wären. Ein Beispiel: Ich war vielleicht 40, hatte mir gerade neue Schlittschuhe gekauft und flitzte in wagemutigen Kurven über das Eis. Meine Älteste, mitten in der Pubertät, war mitgekommen. Eine etwas unfertige Frau, gewiss, aber doch eine, die mich hätte bewundern können! Weit gefehlt: Sie musterte mich kurz und sagte dann kühl in das Knirschen der Kufen hinein: »Papi, gib nicht so an!«

Der Merksatz des Alterns in der Moderne – »Man ist so alt, wie man sich fühlt.« – schafft also ebenso viele neue Probleme, wie er uns von jenen befreit, die ältere Menschen in Rollenvorschriften erstickten. Jetzt muss jedes Mal neu ausgehandelt werden, was der Jugend, was dem Alter zusteht. Und wie es sich bei Verhandlungen leicht ergibt: Jeder hat recht, und wenn jeder recht behalten will, wächst die Versuchung, das Tischtuch zu zerreißen und die Knarre aus dem Schrank zu holen.

Von überall her hören wir klagende Worte über den Starrsinn des Alters. Die Alten sind nicht zufrieden, wenn sie in den Ehrenvorsitz abgeschoben werden; sie wollen tatsächlich noch mitreden. Sie geben ihre Macht nicht auf, solange sie nicht ganz sicher sein können, dass ihre Nachfolger ihre Sache so gut machen, wie sie selbst es sich einbilden. Daher kann auch keiner, der seinen Anspruch auf ihren Platz mit zänkischer Kritik angemeldet hat, damit rechnen, dass sie ihn räumen.

Wie ein Kurzschluss eine Wohnung verfinstern kann, so verdunkelt hier eine primitive Verknüpfung alle psychologischen Einsichten. Wenn ein Alter starrsinnig ist, behauptet sie, dann muss das an seinem Alter liegen. Wenn Jüngere hingegen starrsinnig sind, haben sie einen Grund dafür.

Solche Argumente übersehen, dass Starrsinn – ehe er in seinen Extremen destruktiv wird – zunächst einmal eine hohe seelische Leistung ist. Ohne Starrsinn kann sich kein Mensch behaupten, er kann Einflüssen, ihn zu verbiegen, nicht widerstehen. Der Punkt, an dem positive Eigenschaften, wie Überzeugungstreue, Willensstärke, unerschütterliche Selbstbehauptung in Starrsinn umschlagen, ist schwer zu finden. Wie wir hier urteilen, hängt oft von unserer Perspektive ab. Die einen jubeln, dass der Ehrenvorsitzende eisern zu seinem Wort steht; die anderen sehen darin Altersstarrsinn. Jeder mag seine Argumente haben, aber der Zusatz »Alters« zum Starrsinn ist falsch. Starrsinn hat nichts mit schlechtem Gedächtnis, mit Alzheimer oder Demenz zu tun – im Gegenteil. Er ist ein Beweis dafür, dass der 81-jährige Festspielchef, dem vom 64-jährigen (bayerischen) Kultusminister sein »erhöhtes Alter« vorgehalten wird, geistig noch genau so fit ist wie sein Kontrahent.

Psychologen können bei moralischen Bewertungen nicht treffender urteilen als jeder andere. Aber sie wissen, dass sich der Starrsinn der Alten nicht vom Starrsinn der Jungen unterscheidet. Jugendliche haben gesündere Gelenke und ein besseres Gedächtnis für Telefonnummern und Geheimzahlen, aber wenn es darauf ankommt, können sie genau so starrköpfig sein wie ein Greis. Wer Starrsinn den Alten zuordnet, hat offensichtlich vergessen, wie es sich anfühlt, mit finster entschlossenen Jugendlichen zu verhandeln.

Was aber ist Starrsinn wirklich? Er hängt mit dem menschlichen Selbstwertgefühl zusammen, einem interessanten inneren System, das wir brauchen, um den richtigen Kurs zwischen Egoismus und Rücksichtnahme, Autonomie und Abhängigkeit zu finden. Wenn wir uns mit unseren Werten und unseren Freunden im Einklang befinden, ist unser Selbstwertgefühl flexibel: Wir können neue Beziehungen aufnehmen, Fehler korrigieren, uns zugestehen, dass andere Personen ebenso gut im Recht sein können wie wir selbst.

Starrsinn ist sozusagen ein Schutzmechanismus in diesem System. Man kann ihn mit dem »Totstellreflex« von Käfern vergleichen. Wenn unserem Selbstgefühl eine Gefahr droht, die uns übermächtig scheint, dann erstarren wir. Wir werden lernunfähig, wiederholen immer dieselben Argumente, ziehen uns in »bockiges« Schweigen zurück.

Die Rede vom Altersstarrsinn erzeugt, was sie zu erkennen vorgibt. Wo einem Menschen die alleinige Schuld für etwas zugeschoben wird, zum Beispiel dass eine Beziehung scheitert, sich eine Erwartung nicht erfüllt, Unangenehmes passiert, da ist auch sein Selbstgefühl in Gefahr und die Entgleisung in den Starrsinn programmiert. Wenn der Alte immer der Starrsinnige ist, wird das zu einer sich selbst erfüllenden Prophezeiung: An seinem Alter kann er nichts ändern. Es ist ein Totschlagargument, mit dem sich jede Diskussion abschließen lässt. Wer so niedergeknüppelt wird, der fühlt sich verkannt und bedroht. Kein Wunder, wenn er mit allen Fasern seine Macht festhält und lieber das Schiff gegen die Klippen steuert als einen Lotsen an Bord zu lassen.

Nützlich für den Umgang mit dem Starrsinn ist die alte Fabel vom Wettstreit zwischen Wind und Sonne. Die beiden waren sich nicht einig, wer der Stärkere sei. Die kluge Sonne

schlug nun vor, den Wettstreit darüber auszutragen, wer von ihnen einen Wanderer zuerst dazu bringen könne, seinen Mantel abzulegen. Der Wind steigerte sich zum Orkan, tobte und pfiff, zog und zerrte. Der Wanderer wickelte sich nur fester ein. Die Sonne aber schien freundlich und wärmte ihn, und alsbald befreite er sich von seiner Hülle.

Symbiose

Verliebtheit belebt die verschmelzenden Qualitäten der frühen Beziehung zwischen Mutter und Kind. Verliebte fühlen sich wie ein Mensch, sie fühlen sich völlig verstanden, sie entdecken einen Seelenverwandten, der ihnen vom Schicksal ausgesucht war. »Ach du warst in abgelebten Zeiten – meine Schwester oder meine Frau!« So beschrieb Goethe seine Liebe zu Frau von Stein.

Verliebte wollen alles zusammen machen, sie können Distanz nicht ertragen (John Lennon hat angeblich Yoko Ono ins Klo verfolgt). Die Symbiose führt dazu, dass sich beide Partner mit allen Stärken ausrüsten, die sie haben, und alle Schwächen und Mängel verleugnen, die sie wahrnehmen.

Wie hartnäckig symbiotische Qualitäten in Beziehungen fortbestehen, lässt sich beobachten, wenn eine Frau ihrem alkoholkranken Mann nach jedem gebrochenen Abstinenzgelöbnis glaubt, er werde sich diesmal daran halten. Weil sie sich an ein Versprechen hält, wird er es auch tun, es kann doch nicht wahr sein, dass er sich und ihr etwas vormacht.

Frauen sind durch das Aufwachsen mit der Mutter stärker an die Utopie einer Symbiose gebunden als Männer, die schon früh erkennen, dass sie anders sind als die Mutter. Daher sind Männer stärker auf Triebbefriedigung fixiert und können, wenn diese funktioniert, viel häufiger ihre Ehe als »gut« erleben als Frauen.

Ich habe einmal eine Alltagsszene aufgegriffen, um diesen Unterschied zu verdeutlichen.

Mann und Frau haben eine Urlaubsreise in den Süden angetreten. Nach einer Stunde fragt die Frau: »Hast du Hunger?« »Nein!«, sagt der Mann.

Sie wiederholt die Frage noch zweimal und erhält dieselbe Antwort. Nach dem dritten »Nein!« sagt sie empört: »Ich esse jetzt was. Dir ist es anscheinend egal, wie es mir geht!«

Die Frau projiziert ihren eigenen Appetit und wünscht

sich sozusagen einen gemeinsamen Hunger, um die mitgebrachten Brote auszupacken oder den Speisewagen aufzusuchen. Der Mann hingegen erlebt ihre Frage so, wie sie gestellt wird. Er hätte die Brote ausgepackt, sobald der Magen knurrt, es geht schließlich ums Essen und nicht um »Beziehung«.

Symbole

Zähne und Augen stehen in der Traumsymbolik für »das Sexualorgan«, welches, Freuds Ängsten gehorchend, in der Mythologie vom Kastrationskomplex immer das männliche zu sein scheint. Ödipus blendet/kastriert sich, die Träume vom Zahnverlust oder von den Zähnen, die so locker sitzen, dass man sie mit den Fingern ausziehen kann, drücken Kastrationsängste aus. Sobald wir anfangen, mit den Bedeutungen zu spielen und uns von schlichten Gleichsetzungen entfernen, erkennen wir doch Kraftfelder, welche Auge, Zahn, männliche und weibliche Genitale verbinden, bis hin zum augenbesetzten Phallus der antiken Kunst und der Vagina dentata vieler Mythen: der zahnbewehrten Scheide, welche im männlichen Albtraum den Penis verschlingt wie die Schlange das Kaninchen.

Von wenigen Schwärmern und Asketen abgesehen, schätzen die meisten Menschen den erotischen Genuss und fürchten sich entsprechend, die Möglichkeit dazu einzubüßen, nicht nur der Lust, sondern auch der spezifischen Bindung beraubt zu sein, welche die sexuelle Liebe schaffen kann. Kastrationsangst ist also ein Symbol für Verlustangst schlechthin, für Angst vor Einsamkeit, Heimatlosigkeit, Unfruchtbarkeit, Kinderlosigkeit, Wehrlosigkeit. Die Zeiten sind nicht ganz vergessen, in denen der Besitz des Kinderlosen verfiel und dieser im Alter nichts zu beißen hatte.

Die eigenartige Qualität von Augen- und Zahnleiden verstärkt solche Symbolik. Zähne und Augen sind wichtige erotische Organe, sie blitzen und leuchten in guten Tagen, werden stumpf und trübe, ja fehlen ganz in schlechten. Trockene Augen und chronische Bindehautentzündungen sind ein so gutes Signal einer versteckten Depression wie die typischen Zahnschmerzen des tagsüber aufgesetzt Lächelnden, der im Schlaf knirscht.

Zähne wie Augen lassen uns spüren, was Altern heißt: sie brauchen mehr Pflege und werden doch nicht besser. Der Blick wäre gerne schärfer, der Biss härter, statt den Impuls zu loben, der das jung gebliebene Ich verrät, beklagen wir das müde gewordene Werkzeug.

Trauerarbeit

Eine junge Frau spricht mich nach einem Vortrag an. Sie habe sich bemüht, es gut zu machen, als ihre letzte Beziehung schiefgegangen sei. Sie müsse die richtige Trauerarbeit leisten, habe eine therapiekundige Freundin gesagt, sonst würde das doch immer wieder passieren. Aber wie? Ganz intensiv nachdenken? Fühlen, weinen und schreien? Wann sei das abgeschlossen? Gäbe es ein Mittel, die Trauerarbeit so zu absolvieren, dass es das nächste Mal besser ginge?

Solche Reden zeigen, wie problematisch eine Verbindung von Trauer und Arbeit werden kann. Sie infiziert die natürlichen Reaktionen auf den Verlust eines Menschen mit der Qualität einer Leistung. Es gab einmal eine Beziehung, welche so viele positive Qualitäten hatte, dass es schmerzhaft erscheint, sie nicht mehr zu haben.

Aber Trauer ist nur eine mögliche Reaktion auf einen Verlust. Eine zweite Gruppe von Reaktionen ist um Aggression und Wut zentriert. Der Säugling schreit wütend, wenn er die Brust nicht bekommt, und nicht weniger wütend (vielleicht sogar wütender), wenn sie ihm entzogen wird, ehe er genug hat. Trauer scheint sich dann einzustellen, wenn es chancenlos erscheint, das Verlorene zurückzugewinnen und niemand sonst für den Verlust verantwortlich gemacht werden kann. Wenn einem Kind die Schnur seines Luftballons entgleitet, bricht es in Tränen aus, wenn aber die Mutter den Luftballon loslässt und dieser für immer entschwindet, richtet sich die Verlustwut gegen die Mutter.

Die gesunde Trauer ist eine partielle Resignation: Das Verlorene ist unersetzlich, aber es ist nicht alles verloren. Sie muss von der vollständigen Resignation unterschieden werden, die depressive Zustände auszeichnet. Zum gesunden Trauerprozess gehört die eigene Unschuld. Je mehr wir von uns fordern, unser Leben im Griff zu haben, umso schwerer fällt die Trauer.

Daher können Kinder am schönsten trauern – Regen, der den Himmel reinigt und der Sonne Platz macht. Erwachsene haben gelernt, nach Schuldigen für einen Fehler zu suchen. Wo etwas fehlt, finden sie einen Fehler, einen eigenen oder fremden. Dann wird die Trauer durch fieberhafte Aktivität ersetzt, diesen wiedergutzumachen oder sich zu rächen.

Der Gegenpol der Trauer ist die Freude, der Gegenpol der Depression die Manie. Während in dem Paar Trauer und Freude die Aggression gebunden bleibt, ist sie in Depression und Manie gehemmt bzw. enthemmt. Der Depressive erscheint wehrlos, apathisch, der Manische ist reizbar, latent oder offen aggressiv. In Manie und Depression brechen Milderungen zusammen, die in dem gemäßigten Wechselspiel von Trauer und Freude bestehen bleiben: betrübt, aber nicht zu Tode; jauchzend, aber nicht himmelhoch. In der Trauer ist die Freude als Erlebnismöglichkeit nicht undenkbar geworden, wie in der Depression; in der Freude ist die Trauer nicht so ausgeschlossen, wie in der Manie.

Solche Überlegungen bereiten darauf vor, in der Entstehung von Trauer und Freude einen Reifungsprozess zu vermuten, der mit einer Toleranz für Ambivalenzen zusammenhängt. Diese ermöglicht ein stabiles Bild unseres Lebens und unserer Gefühlsbeziehungen, in denen sich Süßes und Bitteres mischen.

Der Gegenpol der Ambivalenztoleranz ist die Spaltung. Von der Spaltung geprägte Beziehungen können nur durch Idealisierung aufrechterhalten werden. Der Partner muss ganz gut sein, alles Negative an seinem Bild wird abgespalten und verdrängt.

Kann diese Spaltung nicht aufrechterhalten werden, verwandelt sich der bewunderte Partner aus nichtig scheinendem Anlass in einen entwerteten. Seine Schlechtigkeit wird depressiv vertieft, wie seine Güte manisch überhöht war.

In den reifen emotionalen Reaktionen mischen sich Trauer und Freude. So entsteht die relativ ausgeglichene Stimmungslage des gesunden Erwachsenen während entspannter Perioden seines Lebens, in denen er sich nicht verliebt und niemanden verliert, die körperliche Gesundheit mit kleinen Schwankungen stabil ist und die soziale Situation nicht bedroht wird.

Wenn ich über die Straße gehe und eine anziehende Blondine sehe, sieht die gemischte emotionale Reaktion so aus, dass ich mich über diesen reizvollen Anblick freue und gleichzeitig traurig bin, dass es bei dieser diskreten Freude aus der Ferne bleiben muss, weil ich die Brünette, mit der ich lebe, weder kränken noch verlieren will. Wesentlich für die Verarbeitung dieser Situation ist, dass diese Legierung von Freude und Trauer stabil bleibt und keine Regression eintritt, in der manische Gier oder depressive Aggression übermächtig werden.

Die Manie würde mir sagen, dass ich die Blondine haben kann und das Problem mit der Brünetten irgendwie lösen werde. Außerdem geschieht es der Brünetten recht, wenn sie mir die Blonde missgönnt. Die Aggression richtet sich gegen die Hexe, die mich derart aus der Ruhe bringt, vor allem aber gegen mich selbst: Irgendetwas ist verkehrt gelaufen mit meinem Leben. Ich habe alles falsch gemacht, meine dunkelhaarige Frau ist die verkehrte und ich bin liebesunfähig, ungeliebt, wertlos.

Trauma

Der Experte ist sogleich in das Katastrophengebiet gereist. Er fordert Traumatherapie für die Opfer. Würde ihnen, kündet er düster, diese verweigert, müsste man mit schweren Spätfolgen rechnen.

Ich fange dann an, mich zu ärgern. Das liegt nicht daran, dass ich seelische Traumata missachten will – wie käme ich dazu, ich beschäftige mich schon lange mit ihnen. Aber Traumatherapie hört sich an, als würde ein Therapeut ein seelisches Trauma heilen. Nichts aber kann den Opfern einer Katastrophe die Unbefangenheit zurückgeben, die ihnen vor dem Trauma eigen war. Wir können den Traumatisierten stützen, ihm Sicherheit geben, ihm helfen, seine Gedanken zu disziplinieren, sich nicht übermäßig in Ängste und Schuldgefühle zu verstricken. Das ist Handwerk, das in einer professionellen Krankenpflege schon lange stattfindet. Natürlich wird ein erfahrener Therapeut vor Ort nicht schaden, weil er sich hüten wird, anspruchsvolle Behandlungen bei jemandem einzuleiten, der ohnehin seelisch überlastet ist. Aber er wird auch nicht viel nützen. Traumatisierte haben andere Prioritäten.

Wer durch die Ankündigung von Spätschäden bei den Unbehandelten indirekt verspricht, durch seine Behandlung solche Schäden verhindern zu können, ist ein Scharlatan. Es sind schon lange Nachuntersuchungen von Überlebenden bekannt, aus denen deutlich wird, dass nach der Katastrophe sogleich Psychotherapierte nicht vor Spätfolgen geschützt sind. In einer Untersuchung waren sie sogar häufiger betroffen als Nichtbehandelte.

Wenn das kein Zufallsbefund ist, kann er damit zusammenhängen, dass jede Psychotherapie seelische Energie kostet und dem frisch Traumatisierten am meisten geholfen ist, wenn er nicht auf Experten trifft, die etwas Spezialisiertes mit ihm machen, sondern auf Menschen, die sein Vertrauen in die Sicherheit der Welt regenerieren lassen. Es führt zu nichts Gutem, wenn sich die Helfer vor Ort zurücknehmen und warten, bis der Traumatherapeut kommt.

Trennung

Es gibt Türen, durch die man sehr viel leichter eintreten kann, als man später hinauskommt. Die bürgerliche Ehe ist eine davon. Der Staat verführt uns zum Unüberlegten. Unter Nomaden ist die Heirat teuer, eine Scheidung kostet dann genauso viel wie die Ehe, meinetwegen 20 Kamele. Jeder weiß, was auf ihn zukommt. In Europa sind die

Kosten der Urkunde minimal, verglichen mit den Beträgen, die bei einer Scheidung fällig werden. Vielleicht sollte der Standesbeamte eine Versicherung fordern, welche für die Scheidungskosten aufkommt? Wenn es sie gäbe, wäre die Prämie hoch und würde die Ehewilligen nachdenklich stimmen.

Zu oft entbrennen angesichts der Trennungsaufgaben ausdauernde und kostspielige Kämpfe, die nach einem Hollywood-Streifen »Rosenkrieg« genannt werden. Die Rose ist das Symbol der Liebe, war aber zwischen 1455 und 1485 das Symbol erbitterter Kämpfe um die britische Krone zwischen der roten Rose von Lancaster und der weißen Rose von York. Als die Rosenkriege zu Ende waren, hatte sich der britische Hochadel fast ausgerottet.

Familienrichter kennen wohlsituierte Bankdirektoren, die lieber ihren Beruf aufgeben und ihr Vermögen überschreiben, als ihrer Exfrau Unterhalt zu bezahlen. Strafrichter beschäftigen sich mit Vorwürfen sexuellen Missbrauchs, die Auseinandersetzungen um das Sorgerecht vergiften. Wo in der Liebe alles gut sein musste, wird im Hass alles schlecht.

Sicher ist es gut und sinnvoll, mit jeder Bindung umzugehen, wie man es mit wertvollen Gegenständen tut. Man sollte sie schonen, pflegen, erhalten. Aber aus diesem guten Vorsatz wachsen auch Spannungen. Der Satz »Lass uns

Freunde bleiben« fällt nicht selten, wenn ein Paar auseinandergeht. Er hat seine Tücken.

Jüngst sprach ich mit einem Mann, der nach einer solchen »freundschaftlichen« Trennung an einer Depression erkrankt war. Er lebte gemäß den Wünschen seiner Frau, von der er sich vor einem Jahr getrennt hatte, nach wie vor in dem gemeinsamen Haus. Er fühlte sich nicht wohl, sah sich aber nicht in der Lage, mir genauer zu erklären, woran das lag. Allmählich stellte sich heraus, dass die von seiner Partnerin verhängte und von ihm übernommene Freundschaft weder seinen noch ihren Gefühlen entsprach.

Er fühlte sich von Schönfärberei und Schönrednerei erstickt. Er sollte vor den Kindern über seine Unzufriedenheit mit der Ehe schweigen, erfuhr aber irgendwann doch, wie seine Partnerin sich vor den Kindern über ihn beklagt, ihn als den Schuldigen dingfest gemacht hatte. Zur Rede gestellt, leugnete sie, sie würde nie etwas tun, was dem Geist der verabredeten Freundschaft widerspräche.

Freunde sucht man sich aus und ist gern mit ihnen zusammen. Scheidungspartner sind keine Freunde, sie sind gekränkt. Freundschaftserwartungen verleugnen diese bittere Wahrheit. Gegen Kränkungen hilft nicht Freundschaft, sondern Abstand. Wo keine Liebe mehr ist, bleibt nur die Suche nach Gerechtigkeit, nach einer neutralen Grundlage, um die notwendigen Regelungen zu finden.

Die Freundschaftsbeteuerung leugnet, dass es nicht mehr darum geht, sozusagen in abgespeckter Form weiterzulieben, sondern nur darum, den drohenden Hass, den zu Recht gefürchteten Krieg zu vermeiden. Es gibt nichts großes Gutes, es gibt nur die Suche nach dem kleineren Übel.

Mit solchen Situationen kann man kräfteschonend umgehen, sobald klar ist, dass es um Diplomatie geht, nicht um Freundschaft. Freundschaft ist wieder möglich, wenn das Trümmerfeld aufgeräumt ist und sich keiner mehr einen Vorteil davon verspricht, dem anderen die Schuld an der Misere zuzuschieben. Vorher kann sie zu einer gefährlichen Illusion werden.

Der Vorschlag wäre also der, das Konzept von Freundschaft aufzugeben, wenn es darum geht, mit dem Ende einer Liebesbeziehung umzugehen. Was dann nötig wird, ist Arbeit. Arbeit heißt, dass man bereit ist, zu schwitzen, sich anzustrengen, zu verzichten, kurz: Unangenehmes zu erledigen, um Nachteile abzuwehren.

Es gibt Arbeit aus Liebe und professionelle Arbeit, für die wir bezahlt werden. Für das Aufräumen und Ordnen in einer zerbrochenen Familie nach der Trennung ist die professionelle Arbeit das bessere Modell. Sie wahrt eigene Interessen, verkleinert den seelischen und materiellen Schaden. Paare, die anständig zusammenarbeiten, die den oder die Ex nicht schlechter behandeln als den Kollegen im Büro, haben die besten Voraussetzungen, mit den anstehenden Problemen fertig zu werden.

Freunden verzeiht man es, wenn sie unpünktlich sind oder Verabredungen nicht einhalten. Für kollegiale Arbeit sind solche Nachlässigkeiten Gift. Das gilt auch für die Zusammenarbeit von Scheidungseltern. Erst wenn eine solide Arbeitshaltung die Defizite ausgleicht, welche durch den Verlust an Liebe entstanden sind, können sich Partner und Kinder in Patchworkfamilien wieder sicher fühlen.

Tun und Lassen

Wer eine Figur schnitzt, eine Statue meißelt, ein Aquarell malt, lernt unweigerlich den Punkt kennen, an dem er aufhören muss. Nur so kann er das beste Ergebnis gewinnen: indem er die Grenze nicht überschreitet, an der weitere Anstrengungen das Ganze nicht mehr verbessern, sondern anfangen, es wieder zu verschlechtern, indem sie das Erreichte gefährden. Ein Bildhauer, der zu viel wegnimmt, kann den Schaden kaum wiedergutmachen.

Eine junge Frau, die sich hässlich fühlt, kann das darauf zurückführen, dass sie zu dick ist. Wenn sie sich entscheidet abzunehmen, gibt es die Grenze wie bei der Skulptur, man nennt sie Idealgewicht. Dann entscheidet sich, ob sie diese optimale Grenze halten kann. Wenn sie jetzt in den Spiegel blickt und sich immer noch hässlich fühlt, kann es geschehen, dass sie den bisher hilfreichen Weg einfach weitergeht, bis er destruktiv und schließlich lebensgefährlich geworden ist.

Eine Weile etwas machen, Lust daraus zu gewinnen, es zu lassen, wenn es nicht mehr lustvoll ist oder zu schaden droht, ist nur scheinbar leicht. Es ist ein Zeichen dafür, dass die Psyche entspannt funktioniert und die Realität ertragen kann, ohne sich vom Perfektionsstreben stören zu lassen.

Verdrängung

Stalin ließ Trotzki aus den historischen Bildern des Politbüros retuschieren, wie einst die Erben des Pharao Atons Hieroglyphe in den Tempelinschriften tilgten. Wer verdrängt, kann nicht warten bis er vergisst. Er vergräbt etwas, lässt es nicht liegen, bis es der Treibsand verschluckt. Daher ist Verdrängtes auch geschützt, es nutzt sich nicht ab, wird nicht unscheinbar. Und deshalb wiederum ist es uns unheimlich: Wenn Verdrängtes ins Bewusstsein dringt, dann kann sich der Betroffene nicht vorstellen, dass das tatsächlich ein Teil von ihm ist. Wir erschließen es wie ein Detektiv – es ist meine Schrift, daher muss ich diesen Brief verfasst haben, auch wenn ich nicht glauben kann, je auch nur gedacht zu haben, was da steht.

Wir kennen eigenes Denken und fremdes, aber fremdes, das sich als eigenes entpuppt, bedroht unsere Illusion, wir seien Herr im eigenen Gedankenhaus. Daher verdrängen mir nicht nur Inhalte, sondern vor allem auch den Vorgang der Verdrängung selbst, gleich einem Verfolgten, der seine Spuren verwischt.

Vergleich

Sinnvolle Vergleiche hängen mit der Aneignung von Vorbildern zusammen. Wenn ein Bauernkind bewundert, wie der Vater die Sense schwingt, muss es seine eigenen Fähigkeiten mit den seinen vergleichen, wenn es sie verbessern will. Der Vergleich orientiert sich an dem Platz auf einer Skala.

Die Regel, nur Vergleichbares zu vergleichen, scheint ebenso gültig wie vage. Wenn wir Behinderte mit nicht behinderten Athleten um die Wette laufen lassen, können wir die gestoppten Zeiten problemlos vergleichen. Aber dieser Vergleich ist nicht fair, er trifft das Wesentliche nicht. Faire und genaue Vergleiche sind das wichtigste Mittel, sich in der sozialen Welt zu orientieren, eine Identität zu entwickeln und sein Selbstvertrauen zu festigen.

Ein Vergleich von Leistungen, um begrenzte Ressourcen zu verteilen, heißt Konkurrenz. Nur ein Athlet kann die Goldmedaille gewinnen. Im europäischen Denken sind Vergleich und Wettbewerb oft identisch, aber nicht alle Kulturen orientieren sich so. Durch die Unruhe, die er in unser Leben bringt, ist der Vergleich nicht nur Orientierung, sondern auch Fluch. Wir sehnen uns nach vergleichsfreien Räumen, wie zum Beispiel der Liebesbeziehung. Wenn hier Vergleiche einziehen, ist die Geborgenheit dahin – »mein früherer Freund war ein besserer Liebhaber«, »meine erste Frau konnte wenigstens kochen« oder »Nachbars Mäxchen ist ein guter Schüler und bringt ungefragt den Müll in die Tonne!«

Es gibt keine Vergleichgrenzen mehr. Früher verglich sich Ritter mit Ritter, Bauer mit Bauer, heute vergleicht sich jeder mit jedem, und da Fiktionen danach streben, wirklicher zu erscheinen als die Realität, geraten wir in eine Konkurrenz zum Imaginären, welche uns erschöpft oder fragmentiert. Die 15-Jährige vergleicht sich mit dem Supermodel und findet nur eines, was sie tun kann, um dem digital bearbeiteten Bild zu entsprechen, mit dem sie sich vergleicht: abnehmen, fasten, wenigstens dort, wo es um Kilos geht, über alle anderen zu triumphieren und kein einziges Speckröllchen mehr am Leib zu tragen.

Verständnis

»Ein Mann mag alle Mysterien des Universums kennen, aber das seiner Frau wird er nie verstehen.« So Marlon Brando in »Der letzte Tango in Paris«.

»Wir wissen noch nicht alles über das Wie und Warum dieser Tragödie. Vielleicht werden wir es niemals wirklich verstehen. Was wir aber wissen: Wir müssen uns mehr unseren Kindern widmen und sie lehren, ihre Wut mit Worten, nicht mit Waffen auszudrücken, ihre Konflikte mit Worten, nicht mit Waffen zu lösen.«

Diese Sätze von Präsident Clinton wurden in der Presse nach dem Massaker an der Columbine High School in Littleton bei Denver zitiert.

Die Autoren solcher Beteuerungen erzeugen Rätsel, bedeutungsschwer und gedankenarm. Der Mann kann alle Geheimnisse des Universums lösen, aber seine Frau und seine Kinder versteht er nicht, vermutlich, weil er nicht mit ihnen redet. Der amerikanische Präsident kann zwar friedliche Landschaften unter Bomben setzten, weil ihm deren Regierung missfällt. Aber die Waffengeilheit und Mordlust eines Teenagers begreift er nicht.

Es waren noch nachdenklichere Zeiten, in denen Goethe sagte, es gäbe kein Verbrechen, dessen er sich nicht fähig fühle. Jeder zur Selbstbeobachtung fähige Mensch hat kein Problem, Amokläufer zu verstehen. Wer war nicht schon einmal auf eine Behörde, einen betrügerischen Geschäftspartner, einen eitlen Kollegen, ja die eigene Ehefrau oder den eigenen Ehemann so wütend, dass er ihn/sie – wenn denn Phantasien töten könnten – vernichtet hätte? Welche Mutter hat noch nie daran gedacht, ein quengelndes Kleinkind an die Wand zu werfen? Normalerweise ersticken wir solche Exzesse der Wut, schämen uns ihrer, tun vielleicht sogar so, als ob es sie nie gegeben hätte und drängen sie nachher vollständig aus unserem Denken. Das ist an sich umso weniger nötig, je deutlicher uns auch die Gegenkräfte sind, die sich in der normalen seelischen Entwicklung aufbauen und uns davor schützen, Rachewünsche ungefiltert auszuleben.

Nur die Selbstgerechten werfen sich in die Brust und behaupten, derlei Gedanken seien ihnen gänzlich fremd. Große Dichter können genauer ausdrücken, was andere am liebsten ungeschehen machen. Thomas Mann etwa hat das nachdenkliche Wort vom »Bruder Hitler« geprägt. Heinrich Heines »Gedanken und Einfälle« will ich hier etwas ausführlicher zitieren, weil er die Wut des Gekränkten in schönster Ironie beschreibt:

»Ich habe die friedlichste Gesinnung. Meine Wünsche sind: eine bescheidene Hütte, ein Strohdach, aber ein gutes Bett, gutes Essen, Milch und Butter, sehr frisch, vor dem Fenster Blumen, vor der Tür einige schöne Bäume, und wenn der liebe Gott mich ganz glücklich machen will, lässt er mich die Freude erleben, dass an diesen Bäumen etwa sechs bis sieben meiner Feinde aufgehängt werden. Mit gerührtem Herzen werde ich ihnen vor ihrem Tode alle Unbill verzeihen, die sie mir im Leben zugefügt – ja man muss seinen Feinden verzeihen, aber nicht früher, als bis sie gehenkt werden.«

Menschen, welche von sich behaupten, sie könnten primitive Wut und rücksichtslose Grausamkeit nicht verstehen, sind gefährlicher als Personen wie Thomas Mann und Heinrich Heine. George W. Bush hat schließlich rücksichtslos auf Terrorverdacht hin bombardieren lassen.

Nichts hindert uns mehr, ein normales Leben zu führen und mit unseren Mitmenschen auszukommen, als die Tyrannei unserer Vorstellung von Normalität. Wer den typischen Ehekrach oder Nachbarschaftsstreit beobachtet, wer sich in die Rosenkriege vertieft, welche Familien bis in die Folgegenerationen hinein belasten, der findet immer wieder Parteien, die aus Rechthaberei bösartig werden.

Jeder hat eine an und für sich harmlose, praktikable Vorstellung vom Leben. Es ist schließlich ebenso in Ordnung, wenn Äste in ein Nachbargrundstück wachsen, wie es richtig ist, sorgfältig auf Grenzabstände zu achten. Ein Partner, der die leeren Flaschen auf dem Balkon deponiert, bis er nicht mehr betreten werden kann, ist so wenig ein schlechter Mensch wie einer, der jeden Samstag sämtliche Leergüter entsorgt. Ein Kind ohne schulischen Ehrgeiz liebt seine Eltern nicht weniger als die Musterschülerin.

Könnte es sein, dass die Kenntnis der fernen Mysterien und das Unwissen über die eigene (menschliche) Umgebung damit zusammenhängen? Wenn der Mann die fernen Mysterien kennt, dann liegt das daran, dass sie fern sind und es ihn nicht bedroht, wenn ihr Geheimnis nicht genau die Qualität hat, die er erwartet. Seine Frau, seine Kinder müssen so sein, wie er sie haben will. Wo sie anders sind, will er davon nichts wissen. Und so glaubt er bis zum augenfälligsten Beweis des Gegenteils, dass seine Ehe gut, seine Familie heil sei.

Frau und Kinder sind erst dann ein Rätsel, wenn sie nicht mehr in die vorgegebene Lösung passen. Je näher uns ein Mensch steht, je stärker wir uns von ihm abhängig fühlen und je weniger wir uns diese Abhängigkeit eingestehen können, desto mehr Nachdruck entfalten wir auch, um ihn nicht zu sehen, wie er ist. Wir sehen ihn so, wie wir ihn brauchen.

Die Erwartung an den Charakter unserer Liebsten ist gnadenlos. Sie meint, gefunden zu haben, was unbedingt vorhanden sein muss. Sie hört nicht auf, sich ihre eigene Gültigkeit zu beweisen und ignoriert Beweise gegen sich, solange es irgend möglich erscheint. Schließlich fühlen wir uns bösartig beraubt, wenn Versprechen nicht eingelöst werden, die wir nie erhalten haben.

Vertrauen

Die Illusion, dass sich unser Leben voraussehbar, verlässlich und stabil entwickelt, nennen wir dann Vertrauen, wenn sie sich auf andere Menschen richtet. Die lebenswichtige Qualität dieser Fiktion entsteht dadurch, dass Vertrauen sich selbst erzeugt: Wer liebt und allein deshalb auch schon glaubt, Gegenliebe zu finden, hat bessere Chancen, sich eine feste Beziehungswelt aufzubauen. Wer hingegen ein Riesenfeuerwerk an Liebesbeweisen zündet, um eigenes wie fremdes Misstrauen auszutilgen, findet oft, dass er kein gebührendes Gegenfeuerwerk erntet. Wer vertraut, kann länger fasten, ehe er das Saatgetreide verzehrt, er wird Zeiten überbrücken können, in denen er leer ausgeht und sich dadurch auch Quellen der Befriedigung erhalten, die unzuverlässig fließen – fehlbare, treulose, labile – kurz: reale.

Im Vertrauen wird die Wirklichkeit dahingehend idealisiert, dass ihr zugetraut wird, nicht schlecht zu sein. Misstrauen verlangt Perfektion, Vertrauen gibt sich damit zufrieden, dass etwas gut genug ist. Daher generiert sich Vertrauen aus Vertrauen, nach dem schönen Emblem der Renaissance: Venus gibt Amor die Brust, »amor d'amor si nutre«, die Liebe nährt sich von der Liebe. Es ist die beste Voraussetzung, karge Ressourcen zu nutzen. Die Rede vom ausgenützten Vertrauen ist verkehrt. Gefährlich in diesem Punkt ist das perfekte Vertrauen, ein überkompensiertes Misstrauen.

Der Säugling vertraut darauf, dass sein Schreien die Mutter herbeiruft. Insofern ist etwas am Vertrauen angeboren. Im Zweifel hofft der Mensch auf den Menschen, der verirrte Wanderer wird auf das Licht zugehen, das ihm eine Behausung anzeigt, auch wenn ihn alle vor den Räubern gewarnt haben, die in dieser Gegend wohnen. In der gesunden Entwicklung erlebt das Kind soviel Sicherheit von Seiten seiner frühen Umwelt, dass es lernen kann, Nein zu sagen und in vertrauensvolles Anschmiegen misstrauische Abwehr von Bevormundung zu mischen.

Das reife Vertrauen ist mit Misstrauen durchsetzt, um sich sehend zu machen und zu erkennen, wo Austausch möglich ist und wo nicht – Vertrauen gegen Vertrauen, Misstrauen gegen Misstrauen. Daher ist der Gegensatz zwischen »gesundem« (oder gutem) Vertrauen und »krankem« (oder bösen) Misstrauen falsch. Es geht darum, sehendes und blindes Vertrauen oder Misstrauen zu unterscheiden. Wer blind vertraut, endet in ebenso blindem Misstrauen, wer sich in der Eiswüste des blinden Misstrauens fühlt, verspricht sich mehr vom blinden Vertrauen als vom sehenden. So wie es das Beispiel der Heimkinder zeigt, die sich jedem auf den Schoß setzen und fragen, ob er sie mitnimmt.

Vorbild

Wir lernen am meisten und am schnellsten durch ein verinnerlichtes Bild des Artgenossen, der etwas ist oder tut, was wir auch sein oder tun könnten. Kätzchen brauchen das Bild einer Katze, die Mäuse jagt, fängt und frisst, um ihre Anlagen zum Raubtier zu entdecken. Solche Bilder regen die Phantasie an, und kommen blitzschnell ins Gedächtnis, wenn ein Problem, dem wir begegnen, gemeinsame Züge mit einem dieser Bilder hat. Wir suchen dann nach einem passenden Bild.

Wenn ich einen neuen Klienten sehe, wenn mir ein Kollege einen Fall vorstellt – immer treten Bilder in mein Erleben, die schon erkannte Zusammenhänge herstellen und Lösungsmöglichkeiten zeigen. »Vorbild« ist ein interessanter Begriff für diese Prozesse: Er erfasst sowohl das äußere Vorbild – das Kind will Pilot werden wie sein Vater – wie auch das innere Bild, das uns mit Vorgaben ausrüstet.

Manche Menschen stoßen auf der Suche nach einem solchen fördernden Bild auf dessen glattes Gegenteil: das Gegenbild, manchmal auch Gegenidentifizierung genannt. Dieses Gegenbild sagt nur, was wir auf gar keinen Fall machen dürfen, auch wenn es noch so naheliegt. Der Vater war ein Schläger, der Sohn gibt in jedem Streit klein bei, die Mutter war die perfekte Hausfrau, die Tochter kann nicht nähen und nicht kochen, geht aber perfekt mit dem Computer und der Schlagbohrmaschine um.

Manche Vorbilder sind stärker als andere. Sie liegen nicht still und harmlos im Gedächtnis bis sie benötigt werden, sondern melden sich spontan, fordern, machen Druck, sind Stimme des Gewissens und Ich-Ideal. Diese Bilder haben sich mit Traumatisierungen verknüpft. Zum Wesen der Traumatisierung gehört, dass sie unsere Macht durchkreuzt, zu erinnern und zu vergessen, wie wir es wünschen. Der Traumatisierte kann nicht vergessen, was er gerne vergessen würde, und er kann sich oft nicht erinnern, obwohl er wissen möchte.

Vorsatz

»Der Weg zur Hölle ist mit guten Vorsätzen gepflastert«, sagt das Sprichwort. Oft ist es das Ergebnis einer gründlichen Beratung, dass der Klient beschließt, sich der diskutierten Situation – etwa einer Auseinandersetzung mit dem Partner, einer Diskussion mit den Eltern, Verhandlungen im Beruf, einem Vorstellungsgespräch – ohne Vorsatz zu stellen.

Sich etwas vorzunehmen, heißt fast immer auch, die Wirklichkeit flacher und ärmer zu machen, als sie ist. Wenn ich etwas tun will, tue ich es. Vorsätze drücken oft Spaltungen aus: Ich nehme mir vor, etwas zu tun, und verleugne die inneren Einwände oder äußeren Schwierigkeiten, welche mich hindern, diese Phantasie – den Vorsatz – zu verwirklichen. So sind Vorsätze meist eher Ersatz als Vorbereitung der Tat, eine Möglichkeit, sozusagen aus zwei Handlungslinien, von denen keine aufgegeben werden soll, die sich aber gegenseitig ausschließen, eine Stütze für das Selbstwertgefühl zu gewinnen. Der Vorsatz, das Rauchen aufzugeben, zu fasten, kann bequem neben dem Genuss stehen. Einmal ist keinmal: Der Vorsatz löscht sozusagen die Realität aus, nicht sie gilt, sondern er. Was ich jetzt tue, wird schließlich künftig nicht mehr geschehen.

Vorsätze sind als Projekte verkleidete Illusionen. Sie tarnen das Unvermögen zu einer Planung, welche Möglichkeiten realistisch einschätzt. »Nichts ist leichter, als das Rauchen aufzugeben«, sagte Mark Twain, »ich habe es schon hundertmal getan!«

»Was soll ich antworten, wenn er sagt, ich soll mich nie wieder melden?«, fragt die Verlassene, die sich vorgenommen hat, nicht aufdringlich zu sein, ihn kommen zu lassen, auf keinen Fall noch einmal anzurufen, wenn er nicht anruft. Sie hat sich vorgenommen, nicht an ihn zu denken, aber sie verbringt die Abende neben dem Telefon, denn er könnte anrufen.

Der Vorsatz ist für unser Handeln, was die Erinnerung für das Gedächtnis ist. Es wird etwas verschleiert. »Das nächste Mal werde ich ihm die Meinung sagen!« Das heißt doch: Ich will gar nicht wissen, warum ich diesmal stumm geblieben bin.

Werte

Die meisten Menschen können ihr Leistungsverhalten besser steuern als ihr Verhalten in Beziehungen. In Therapien gelingt es uns viel öfter, einem Patienten zu leidlicher beruflicher Stabilität zu verhelfen, als ihm die ersehnte (Liebes-)Beziehung zu verschaffen. Das liegt daran, dass wir im Job keine Einfühlung, sondern nur ein Funktionieren entlang von Erfahrungen erwarten. Wir sind im beruflichen Alltag bescheidener, erwarten weniger und haben daher auch mehr Erfolg.

Die relative Reife im Umgang mit der Materie, verglichen mit der relativen Unreife im Umgang mit Freundschaft und Liebe, mag mit einer höheren Festigkeit jener

Funktionen zusammenhängen, die allein dem individuellen Überleben dienen. Oft ist beschrieben worden, wie Angstneurosen heilen und Zwänge verschwinden, wenn ein Betroffener um sein Überleben ringt, während einer Naturkatastrophe oder als Soldat an der Front.

Wir können uns vorstellen, dass ein im Schutz der Familie hilflos seiner Bulimie ausgeliefertes Mädchen normal isst, wenn es in einem Elendsviertel der Dritten Welt die karge Kost der Einheimischen teilen soll. Vielleicht ist das sogar ein genetisches Erbe: Sammlerinnen und Jäger mussten, allein der Natur ausgesetzt, stabiler funktionieren, als im geschützten Raum der Sippe. »Ehe ich mich auf einen Mann einlasse, reise ich lieber mit Schlittenhunden zum Nordpol«, sagte mir eine Patientin einmal.

Diese Beziehung zur wilden Natur überträgt sich in günstigen Fällen auf die Personen im Arbeitsleben, zu denen wir in einer zweckmäßigen Beziehung stehen. Wo das nicht möglich ist und Liebeserwartungen geweckt werden, sind auch am Arbeitsplatz die narzisstischen Krisen gebahnt.

Wer ein Brett hobelt, um einen Tisch zu bauen, wird nicht erwarten, dass das Brett von selbst auf die Hobelbank springt und sich so hinlegt, dass er mit der Faser arbeiten

kann. An eine Person, in die ich mich eingefühlt und deren Bedürfnisse ich versucht habe zu erraten, werde ich höhere Erwartungen richten.

Das Selbstwertgefühl wächst durch Austausch mit der Realität und durch die Bestätigung unserer Erwartungen. Dieser Prozess ist störbar, verfügt aber über große Potenziale der Selbstheilung.

Die narzisstischen Strukturen sind zu Beginn der seelischen Entwicklung plastischer und damit auch verwundbarer als später. Aber sie sind immer für Überraschungen gut. So kann sich ein Heimkind, das alle Erzieherinnen zur Verzweiflung brachte, plötzlich völlig verändern. Es ist diesmal auf eine Frau getroffen, mit der ein Austausch gelingt. Der unheilbare Trinker wird trocken, wenn ihn seine Partnerin verlässt, ein Gewalttäter, der Frau und Kinder prügelte, ist in seiner nächsten Ehe der friedlichste Mensch.

Wer ein Handwerk lernt, einen Garten pflanzt, Holz hackt oder Wasser schleppt, kann sich in dieser Tätigkeit festigen. Kein nachdenklicher Mensch wird den Wert der physischen Arbeit für die Stabilität des Selbstwertgefühls unterschätzen. Pflanzen und Tiere gewinnen eine mittlere Position: Ein Baum, ein Pferd, ein Hund können uns so wichtig werden, dass ihr Verlust dem eines geliebten Menschen nahe kommt. Der Dialog mit einem Tier ist ärmer an Aussagen (obwohl engagierte Tierliebhaber hier Einwände äußern), wird aber nicht selten als verlässlicher und eindeutiger als der mit einem Menschen erlebt.

Jede Stütze unseres Selbstwertgefühls, die lange genug funktioniert hat, hinterlässt in unserer Erinnerung eine Spur. Sie besteht noch, wenn wir die Austauschmöglichkeit verloren haben, aber sie festigt und entwickelt sich dann nicht mehr, wie auch totes Holz seine statische Aufgabe noch erfüllt.

Das keimende Selbstwertgefühl festigt sich durch die Orientierung an Werten. Der menschliche Geist nimmt begierig alle Vorbilder auf, die er finden kann, er hungert nach Identifizierungen und wird nie satt im Streben, das Richtige zu tun, um möglichst viel Liebe und Anerkennung zu finden. Denn Liebe, Anerkennung, Aufmerksamkeit spenden uns die Sicherheit, dass wir auf Hilfe rechnen können, wenn wir sie brauchen, dass wir Nahrung bekommen, wenn wir hungern und Sexualpartner finden, die sich leidenschaftlich wünschen, mit uns zusammen zu sein.

Werte sind für das Selbstwertgefühl Stützen, Instrumente der Sicherung, Adern, durch die Austausch stattfindet – ich bin dein gutes Kind, dann bist du meine gute Mutter; ich bin der ehrliche Händler, dann bist du der verlässliche Kunde; ich bin der gehorsame Gläubige, dann bist du der Gott, der mich beschützt und meine Gebete erhört.

Die gemeinsame Bekräftigung von Werten sichert das Selbstwertgefühl. Wer Gespräche belauscht, findet Leitmotive wie »gemeinsame Empörung«, »gemeinsame Klage«, »gemeinsame Feinde«, »gemeinsame Schönheiten« – es sind höfliche Rituale, die auf der Werte-Ebene die Harmonie des Chorgesangs wiederholen. »Wo man singt, da lass dich ruhig nieder …«

Problematischer sind Rituale, in denen sich ein Feindbild zu bedrohlicher Übermacht steigert, um eine kämpferische Gemeinsamkeit zu gewinnen. Hier ist der Weg zum Fundamentalismus und Faschismus nicht weit.

Die Zirkulation von Werten gleicht dem Blutkreislauf in der organischen Welt. Sie begleitet die Zirkulation von Waren. Wer mir gemeinsame Werte beteuert, baut die seelische Grundlage für einen Austausch auf. Er einigt sich mit mir sozusagen über die Grundlage der Transaktionen, über Währungen und Wechselkurse.

Zurücksetzen

Als ich neulich die Software für einen neuen Drucker installierte, wurde mein Computer ganz heiß. Die Installations-CD ratterte, aber die Anzeige, wie weit der Prozess fortgeschritten war, hing fest. Ich habe gelernt, in solchen Fällen den PC abzuschalten und neu anzufangen. Als ich das versuchte, wurde guter Rat teuer: Das Gerät ließ sich nicht mehr ausschalten, nicht abmelden, nicht neu starten. Früher habe ich in solchen Fällen den Kurzbefehl »Notabschaltung« mit Steuerung, Alt und Entfernen probiert. Er funktionierte nicht. Wenn das nicht half, habe ich den Stecker herausgezogen, gewartet und ihn wieder eingesteckt. Aber mein PC ist ein silberner Laptop mit Akku. Ich könnte natürlich den Akku herausnehmen, wenn ich wüsste, wo er sitzt. Ich könnte auch im Handbuch nachsehen, um das herauszufinden.

Ich habe meine Computerkenntnisse von meiner Tochter Lea. Diese schaut nie in ein Buch, sondern probiert. Ich könnte sie anrufen. Sie würde dann zuerst sagen, dass sie sich mit blöden PCs nicht auskennt, sondern nur in Apple fit ist. Dann würde sie mir einen vermutlich hilfreichen Rat geben, denn auch von PCs versteht sie zehnmal mehr als ich.

Aber auch Eltern haben ihre Trotzphasen. So probierte

ich herum, klickte hier, klickte da, nichts geschah. Dann rief ich Windows-Hilfe auf und fand tatsächlich eine Rubrik über die Verweigerung des Systems, sich ausschalten zu lassen.

Jetzt war plötzlich alles ganz einfach. Der Computer schlug mir vor, sein Innenleben »zurückzusetzen«, sozusagen in eine Stufe seiner inneren Entwicklung zurückzukehren, in der er das gegenwärtige Problem noch nicht hatte und daher auch noch angemessen auf alle Befehle reagieren konnte. Er bot mir sogar eine kleine Liste an – ich konnte uns in die Zeit vor dem Einbruch des Druckertreibers in sein System zurückversetzen, oder in die Zeit, als die Installation des Treibers noch funktionierte. Ich probierte es damit, und siehe da: Der Bildschirm reagierte wieder, das wilde Sausen der CD mäßigte sich zu einem zufriedenen Brummen, die Installation lief, wie sie sollte, und schaltete sich schließlich so friedlich ab, als hätte sie nie etwas anderes im Sinn gehabt.

Ich aber bin seither gefesselt von dieser Fähigkeit einer (fast) denkenden Maschine. Windows XP ist, wie ich mir habe sagen lassen, ein triviales Werk der Programmierkunst, mit zahllosen Fehlern behaftet, ständig neuer Flicken bedürftig, die aus dem Web geladen und auf die Stellen geklebt werden, durch die Viren, Würmer und trojanische Pferde eindringen können. Aber es hat eine beneidenswerte Fähigkeit. Es kann sich selbst an einen früheren Punkt zurückversetzen und von vorne anfangen, als ob nichts geschehen wäre.

Ich behandelte einmal einen jungen Mann, der sehr unter verschiedenen Ängsten und Zwangsvorstellungen litt. Sie hingen damit zusammen, dass er sich keinen Fehler verzeihen konnte und daher sehr oft auch keine Entscheidung traf. So machte er wenig aus sich und seinen Fähigkeiten. Irgendwann erzählte er mir, früher, in der Kindheit, sei es für ihn viel einfacher gewesen, mit seinem Perfektionismus umzugehen. Wenn ihm damals etwas misslang, wenn er mit sich unzufrieden war, dann pfiff er. Danach begann er sein Leben einfach von vorne. Er hatte einen besonderen Pfiff erfunden, der genau das bedeutete. Wenn er diesen ertönen ließ, dann galt alles Bisherige nicht mehr, alles war ausgelöscht, alle Fehler ungeschehen gemacht.

Inzwischen hatte er leider einsehen müssen, dass das Leben sich nicht so einfach zurücksetzen lässt. Ich habe später manchmal an ihn gedacht, wenn ich wieder einmal beobachten musste, wie schwer wir es mit einer banalen Beschaffenheit des Lebens haben, die wir in der Regel lieber mit einer englischen Formel ausdrücken: Shit happens.

Es passiert so manches, was niemand gut finden kann – eine winzige Unachtsamkeit beispielsweise, und schon hat das Auto Totalschaden oder es sind Knochen gebrochen, die Monate brauchen, um wieder zusammenzuwachsen. Eine kleine Verwechselung, und schon ist der Sonntagsbraten ungenießbar, da gezuckert und nicht gesalzen. Ein Komma falsch gelesen, und schon kommt der Patient in die Toxikologie.

Aber solche Zufälligkeiten sind vielleicht noch leichter zu verarbeiten als jene Misslichkeiten, an deren Entwicklung wir selbst beteiligt sind. Das Sprichwort will uns verbieten, über eine Suppe zu jammern, die wir uns selbst eingebrockt haben. Ein freundlicher Mensch würde dem entgegenhalten: Worüber sonst soll man jammern, wenn nicht gerade über das! Ehe wir sie auslöffeln mussten, die Liebeswahl oder die berufliche Entscheidung, da fühlte sie sich doch so lecker an. Und jetzt? Wenn wir das Ganze doch ungeschehen machen könnten!

Können wir von einer Maschine lernen? Der Computer hat dasselbe Problem wir wie. Er soll Prozesse speichern. Aber das heißt auch, dass er Fehler nicht loswerden kann. Fehler kommen immer vor. Wie soll er sie loswerden? Wir dürfen sein Gedächtnis nicht komplett löschen. Wir brauchen es und brauchen es doch nicht.

Da Fehler eigentlich nicht geschehen sollten, ist es wichtig, dass wir sie nicht vergessen. Ich erinnere mich an eine geschockte OP-Schwester, die mit knapper Not noch den Folgen eines Versehens entgangen war, das andernfalls zu einer Operation an einem völlig gesunden Auge geführt hätte. Ich wäre besorgt um ihre Patienten, wenn sie diesen Fehler schnell vergäße.

—∞—

Vielleicht sollten wir uns damit abfinden, dass wir mit unserem Erinnern wie mit unserem Vergessen allein nicht gut klarkommen. Wie gut, wenn wir Freunde haben, die uns helfen, an das nach wie vor Wichtige zu denken und loszulassen, was uns nicht mehr nützt.

Zusammenleben

Die charakteristischen Stationen der modernen Ehe sind erstens das Liebesverhältnis in getrennten Wohnungen, zweitens der gemeinsame Haushalt und drittens das gemeinsame Kind.

Nicht selten hört der Therapeut, wie Paare die Frühzeit idealisieren, in der Mann oder Frau sich nachts oder in den Morgenstunden auf den Weg machen mussten, wenn er oder sie am nächsten Tag in der eigenen Wohnung aufwachen wollten. Jeder führte ein Leben, das dem anderen in weiten Bereichen unbekannt war, in das dieser nicht hineinredete und hineinregierte.

Wenn ich zu Gast bin, stört es mich kaum, dass das Bad seit Wochen nicht geputzt wurde und in der Küche drei Kartons mit leeren Weinflaschen geduldig darauf warten, dass sie jemand entsorgt. Aber in meinem eigenen Haushalt kann ich ungeputzte Bäder und Unordnung in der Küche nicht ertragen.

Wenn wir uns entscheiden, einen gemeinsamen Haushalt zu führen, kann ich um der Liebe willen das Bad putzen und die Weinflaschen wegräumen, sobald sie mich stören, weil im Zusammenleben schließlich immer der im Nachteil ist, der weniger Unordnung ertragen kann. Merkwürdigerweise habe ich ganz wenig Dreck gemacht und ganz wenig leere Flaschen produziert, während meine Geliebte, kaum ist sie eingezogen, Unmengen solcher Irritationen produziert.

Zusammenleben mäßigt die Idealisierungen, nach denen Liebende hungern. Es gefährdet die Erotik, weil es mehr Irritationen gibt. Wer sich verabreden muss, um sich zu treffen, kann Ausreden erfinden, die niemanden kränken. Was weiß die Geliebte davon, wie viel ich getrunken habe, wie spät es wurde, wie viel Arbeit ich morgen habe, wenn ich eine Ausrede brauche? Sie wird alle diese Argumente akzeptieren. Aber meine Wohnpartnerin weiß, dass ich gestern pünktlich ins Bett kam, mein Alkoholkonsum gering ist und mein Chef tolerant.

Die wirkungsvolle Mischung aus Schweigsamkeit und Kampfgespräch, aus taktvollem Übergehen von Störungen und rechtzeitigem Ansprechen, ehe die Wut übermächtig und die Erotik verschwunden ist, sie alle wollen gelernt sein. Unsere mediengespeisten Beziehungsillusionen rüsten uns für diese Expedition ins Unbekannte wie ein Reiseveranstalter, der Sandalen für eine Gletscherwanderung empfiehlt.

»Zwischenlager«

Kennen sie die Menschen des »Zwischenlagers«? Sie sind ständig damit beschäftigt zu suchen, was sie eben nur schnell irgendwohin gelegt haben. Ihren Arbeitstisch zieren große Stöße von Vorgängen, die sie alle erledigen müssten. Wenn es gar nicht mehr anders geht, fangen sie an umzuschichten. Schließlich müssen sie das Wichtigste herausfiltern, anderes kann ja noch warten, hat sich vielleicht sogar von selbst erledigt. Sie wiegen die Blätter bedächtig in der Hand, lesen ein Stück, entscheiden sich dann doch, lieber etwas anderes, Wichtigeres zu machen.

Zeit ist knapp, denn die Stunden im Zwischenlager fehlen.

Zwischenlager wachsen wie Schimmelpilze an den Grenzen von Arbeit und Freizeit. Sie gedeihen dort, wo etwas erledigt werden müsste, aber warten kann, wo etwas Spaß machen könnte, aber augenblicklich noch nicht dran ist: das Video aus dem Sonderangebot, die Zeitung vom Wochenende, die ich leider wegen des Ausflugs nicht lesen konnte.

Fast die beliebtesten Dinge im Zwischenlager des Gebildeten sind Zeitungsausschnitte (das muss irgendwann gründlich gelesen werden!), Zeitschriften (schließlich muss man im Beruf auf dem Laufenden bleiben) und vor allem Bücher. Das ist ein interessantes Thema, ein wichtiger Autor. Weil ich so müde war, bin ich diesmal nicht über drei Seiten hinausgekommen, aber in der Rente finde ich so richtig Zeit zum Lesen.

Ein anderes Zwischenlager ist der Zettel, auf dem steht, dass etwas getan werden muss. Diese Zettel nach Wichtigkeit zu ordnen kostet Zeit. Zyniker behaupten, dass sich in dieser Zettelzeit schon einige der aufgeschriebenen Aufgaben tatsächlich hätten erledigen lassen. Ein Kollege verbringt Stunden damit, eine Liste von Arbeiten anzulegen, die er erledigen muss. Immer wieder studiert er seine Liste, fügt hinzu, streicht Erledigtes durch. Vor allem grämt er sich, weil er nie alles, was er aufgeschrieben hat, bis zur schriftlich fixierten Deadline schafft. Es fehlt ihm eben die Zeit, die ihn seine Liste kostet.

Carla, eine Anwältin, hat viele Jahre mit ihrem Mann Joseph eine Wochenendehe geführt. Joseph ist Universitätslehrer und hatte den Ruf in eine andere Stadt erhalten, wo er eine kleine Wohnung bezog. Er hat sich auf jede freie Stelle in seinem Fach zurückbeworben, bisher aber nichts bekommen. Als Joseph endlich Erfolg hat und überglücklich ist, dass sie wieder zusammen wohnen können, wird Carla depressiv.

In einer Beratung gesteht sie, dass sie jedes Mal erleichtert war, wenn Joseph in seine Arbeitswoche pendelte. Denn Joseph ist ein Mensch des Zwischenlagers. Carla ärgert sich, wenn er etwas herumliegen lässt, Verlegtes nicht findet und schreit, ob sie nicht beim Suchen helfen kann.

Bisher hatte sie am Montag aufatmend das von ihm verursachte Chaos aufgeräumt und die Woche über so gelebt, wie es ihr gefiel, in ihrem Rhythmus, mit ihren Vorstellungen von Ordnung.

Sie will sich nicht von Joseph trennen, aber sie will ihm nicht ständig seine Sachen hinterherräumen, und sie verzagt, wenn sie daran denkt, dass sie sich jedes Mal mit ihm auseinandersetzen soll, wenn er wieder eines seiner Zwischenlager angelegt, das Bad im Chaos hinterlassen, seine Kleidung im Schlafzimmer gehäuft hat. Früher gab es jedes halbe Jahr eine schreckliche Szene, weil Carla ihren aufgestauten Groll entlud und Joseph als Pascha beschimpfte, der eine Sklavin brauche, die ihm ständig seine Sachen hinterherräume.

Carla will solche Szenen nicht mehr. Aber sie will auch das vertraute Gefühl nicht opfern, wenn die Wohnung so ist, wie sie es braucht.

Joseph versteht nicht, was sie hat. Freut sie sich denn gar nicht, dass er wieder da ist, wenn er nicht mehr diese langen Zugfahrten jedes Wochenende auf sich nehmen muss? Kann sie ihm zuliebe nicht etwas weniger pingelig sein? Sie ist ein Putzteufel geworden, seit sie allein lebt, sie wird sich schon wieder an ihn gewöhnen, sie weiß doch, dass er ein emanzipierter Mann ist, der selbst kocht und staubsaugt und mit seiner eigenen Wohnung immer gut klargekommen ist – natürlich war sie nie so perfekt, wie Carla das macht, aber das sind schließlich Kleinigkeiten.

Ich empfehle strikte Reviere in der Wohnung mit möglichst wenig »gemeinsamen« Räumen, eine Putzhilfe, die regelmäßig die verbliebenen Gemeinschaftsräume aufräumt und säubert, im Idealfall getrennte Wohnungen unter einem Dach. Das hört sich technisch an, beruht aber auf psychologischer Einsicht.

Der Mensch des »Zwischenlagers« wird sein Verhalten nur selten aufgeben. Es ist zutiefst mit Ängsten verbunden zu verarmen, etwas zu früh aufzugeben, sich voreilig zu trennen. Er kann nach meinen Beobachtungen kaum aus seiner Haut und verändert diesen Zug auch nach einer langen Analyse und nach zahllosen gramvollen Suchaktionen nicht. So liegen irgendwo in seinen Bücherstapeln auch Entrümpelungs- und Simplify-Rezepte, irgendwann wird er die Zeit finden, sie zu lesen und zu beherzigen.

Register